Christa Schneider
Alles geschieht nur zum Besten

Christa Schneider

Alles geschieht nur zum Besten

Sufi-Geschichten und
andere Erzählungen der Weisheit

Ansata-Verlag

Gewidmet Paul Wali Zemp

Zur Erinnerung an eine große Seele,
die uns so früh verließ

Erste Auflage 1997
Copyright © 1997 beim Scherz Verlag,
Bern, München, Wien, für den Ansata Verlag.
Alle Rechte der Verbreitung, auch durch Funk, Fernsehen,
fotomechanische Wiedergabe, Tonträger jeder Art und
auszugsweisen Nachdruck, sind vorbehalten.
Lektorat: Erich Wilzbach, Urte Knefeli
Abbildungen: Gottfried Schneider

Inhalt

Das Geleit

Die Abendglocken läuteten. Über die weiten Felder voll goldenen Korns wehte ein warmer Sommerwind. Der Himmel hatte sich ein zartes Gewand von hellblauer Seide umgelegt, nur am Rand schimmerte die untergehende Sonne in hellen orangefarbenen Lichtern. An der hohen grauen Mauer aus schweren Feldsteinen, die den Klostergarten umgab, blühten riesige gelbe Sonnenblumen. Sie wiegten leise ihre großen Köpfe, als hätten sie etwas Wichtiges zu bedenken.

Bruder Fedor schritt, in tiefes Nachdenken versunken, durch den Garten. Sonst begrüßte er oft diese schönen Geschöpfe der Sonne, doch heute war sein Herz beunruhigt. Es sorgte sich um einen seiner Brüder, der irgendwie ganz besonders war. Er besaß ein sanftes Wesen und war jederzeit hilfsbereit. Eine große Kraft ging von ihm aus. Sah man in seine Augen, schien es, als schaue man in einen hellen Bergsee, so rein und klar waren sie. Alle Brüder hatten Alexander, so hieß er, in ihr Herz geschlossen. Fedor erinnerte sich noch, wie Alexander vor einigen Jahren nach seiner Vorbereitungszeit in den Orden aufgenommen worden war. In der Basilika hatten die Gesichter der Heiligen auf den Ikonen einen besonderen Ausdruck gehabt: Das Licht der unzähligen Kerzen hatte sie zum Leben erweckt. Und der Chor der Mönche, der die wunderbaren, alten slawischen Lobgesänge sang, erfüllte nicht nur die Basilika und die Herzen der Zuhörer mit seiner herrlichen Musik, sondern es war, als sängen die Engel selber in einem un-

sichtbaren Chor mit und trügen die Lieder hinauf in den Himmel. Der Prior trug ein goldbesticktes Gewand. Sein weißes, bis zur Schulter reichendes Haar und der weiße lange Bart ließen viel Licht um seinen Kopf sein, so daß es wie ein Heiligenschein aussah. Die gütigen braunen Augen ruhten in tiefer Liebe und Güte auf dem jungen Mönch, als er den Segen empfing. Ach, was für ein kosmisches Fest war das gewesen! Fedor erinnerte sich noch seiner Tränen, die ihm vor Ergriffenheit den Bart benetzt hatten. Es war die erhabenste Begebenheit seines ganzen Lebens gewesen. Und welch herrliche Zeit hatten sie alle gemeinsam, manchmal sogar nur er und Alexander, zusammen verbracht.

Mit welcher Freude fanden sich die Brüder im Frühjahr zusammen, um nach innigem Gebet gemeinsam den großen Garten neu zu bestellen. Die Erde wurde umgegraben, die verschiedenen Samen in die Erde gesenkt, die Bäume gepflegt und für das Wohl aller Pflanzen gesorgt. Ließen sich dann später die ersten grünen Spitzen blicken, wurde das mit Dankbarkeit begrüßt, und je besser alles gedieh, desto größer war die Freude.

Im Frühjahr wurden auch die Sonnenblumen gesät, den Samen hatte man von einem Teil der Blumen im vergangenen Herbst zurückbehalten. Eine Sonnenblume wurde nicht geerntet. Sie durfte stehenbleiben, und ihre Samen waren ein Geschenk für die Vögel. Jeden Morgen zum Sonnenaufgang ließen die vielen kleinen Vögel ihren Lobgesang hören, und das Morgengebet der Mönche wurde oft von süßem Amselgesang begleitet.

Fedor ging weiter durch den Garten. Er kam in die abgelegene Ecke, wo die Bienenkörbe standen. Im Herbst wurde der herbsüße Honig geerntet, der von den Bienen im Laufe des Sommers im Wald und auf den Feldern gesammelt worden war.

Während der langen russischen Winter, wenn die Mönche beisammen im Refektorium saßen und vorgelesen wurde, gab es viel heißen Tee – starken, schwarzen, russischen Tee. Und wer mochte, konnte die Herbheit des Tees mit der Süße des Honigs mischen. Fedor wußte von vielen Malen, wo die Brüder so viel Tee tranken, daß er und Alexander drei- bis viermal den Samowar neu mit Wasser füllen mußten.

Ach, und einmal an einem naßkalten Frühjahrstag war der Prior schwer erkrankt. Er hustete, hatte hohes Fieber und konnte kaum noch sprechen. Fedor hatte Alexander in der kleinen Kapelle angesprochen und ihm seine Besorgnis mitgeteilt. Alexander kniete nieder und faltete die Hände. Fedor konnte nichts anderes tun, als es ihm nachzumachen. Er spürte, wie Ströme von Licht in seinen Bruder hineinflossen und wie aus seinem Herzen Licht ausstrahlte. «Laßt uns beten, daß unser Prior wieder gesund wird!» Auf diesen Wunsch Alexanders hin beteten sie wohl eine halbe Stunde lang. Am nächsten Morgen leitete der Prior die Morgenandacht mit gesunder, starker Stimme, und er dankte Gott von ganzem Herzen für seine wunderbare, schnelle Genesung.

Doch nun war Fedor beunruhigt. Seit Wochen beobachtete er, daß Alexander gar nicht wirklich dazusein schien. In den Morgenandachten und Meditationen wirkte er so licht und fast durchscheinend, daß Fedor manchmal dachte, das Kerzenlicht würde durch seinen Bruder hindurchscheinen. Aber es war ein anderes Licht. Es kam von weit her, und es leuchtete sehr sanft.

Blickte man in Alexanders Augen, war da immer noch diese Klarheit, aber nicht die eines Bergsees, sondern die einer fernen Welt, eines fernen Sterns. Und heute früh war Alexander nicht zur Morgenandacht erschienen. Als Fedor später in die Zelle gehen wollte, kam ihm der Prior entgegen und sagte: «Bruder Alexander ist sehr schwach, wir müssen ihn ruhen lassen. Er wird wohl nicht mehr lange bei uns bleiben.»

Fedor war betrübt. Er hatte sich so viele Jahre darin geübt, alles, was geschah, mit ruhigem Herzen anzunehmen, weil er wußte, es ist Gott, der sich ihm in allem offenbart. Nun auf einmal spürte er Schmerz, tiefen wunden Schmerz. Er merkte, wie sehr er Alexander liebte und daß es ihm schier unerträglich erschien, ohne ihn leben zu müssen.

Er ging langsam zu den Sonnenblumen zurück, und ohne daß er es verhindern konnte, liefen ihm die Tränen über das Gesicht. «Warum weinst du?» fragte eine Stimme ihn leise. «Weinst du um Alexander oder um dich? Weil du ihn vielleicht eine Weile nicht sehen wirst?»

Es schien, als käme die Frage von den Blumen. Fedor wurde stutzig. Etwas daran stimmte. Wie hatte er nur so egoistisch sein und nur an sich denken können: daß er ohne Alexander nicht leben wollte. Vielleicht bedeutete es für seinen Bruder so etwas wie eine Erfüllung, die Erde verlassen zu dürfen. Fedor betete um Kraft und Tapferkeit für Alexander und für alle Brüder und zuletzt auch für sich.

Auch als die Abendkomplet gesungen wurde, fehlte Alexander. Die Atmosphäre in der Kapelle war an diesem Abend irgendwie ganz besonders. In der anschließenden schweigenden Meditation spürten alle Brüder, wie sich ein

Strom von Licht und Liebe von oben herab auf sie ergoß und wie gleichzeitig ein zartes, fast sichtbares Gefühl aus ihren Herzen gen Himmel aufstieg. In dieser Nacht verließ Alexander seinen Körper.

Am anderen Morgen fertigten Aljoscha und Stanislav einen Sarg aus dem Kiefernholz, das bei den Bienenkörben gestapelt lag. Alexander hatte dort manches Mal gesessen, um dem Flug der Bienen zuzusehen. Der Prior ließ einen Boten zum Abt reiten und ihm die Mitteilung machen, daß sie eine besonders schöne Feier für ihren heimgegangenen Bruder veranstalten wollten. Doch der Abt ließ bestellen, es solle nur eine kurze, schlichte Feier sein und sonst nichts.

Unterdessen hatten die Mönche ihren Bruder in den Sarg gelegt. Drei Brüder auf jeder Seite trugen den Sarg auf einem Gestell, die übrigen folgten in langer Prozession. Sie sangen die alten Lieder, sie sangen das Kyrie eleison, sie sangen ihre Gebete. Dann wechselten sich die Träger ab, und andere übernahmen den Sarg.

Als sich der Tag neigte und die Nacht anbrach, tönten die innigen Gesänge über alle Mauern hinweg und riefen die Bewohner der umliegenden Dörfer herbei. Die Frauen knieten die ganze Nacht, und ihre Köpfe beugten sich rhythmisch im Gebet. Viele Männer schlossen sich der Prozession an und stimmten in die Gesänge ein, als ob sie sie schon immer gesungen hätten. Andere standen an der Seite und bekreuzigten sich, wenn nach Stunden die Prozession wieder vorüberkam. Der Morgen brach an, und unentwegt sangen die Mönche weiter. Von einem Gutshof brachte eine Frau einen Wagen voller frischer Brote und frische Milch. Manche stärkten sich und sangen dann weiter.

Da, am nächsten Morgen, wurde die Menge plötzlich unruhig. Ein Bote zu Pferde war gekommen und verlangte den Prior zu sprechen. Er brachte die Nachricht vom Abt, daß dieser nicht wünsche, daß noch weitergesungen werde. Doch der Prior ließ den Boten ziehen und führte selbst die Prozession weiter an. Die große Liebe der Mönche zu ihrem Bruder ließ sie unermüdlich weitersingen. Die ganze Natur war erfüllt vom Klang der tiefen und ergriffenen Stimmen. Drei Tage und drei Nächte dauerte diese große Feier. Dann begruben die Mönche den Bruder im Klostergarten, in der Nähe der Sonnenblumen.

In der folgenden Nacht hatte Fedor einen Traum. Der Prior erschien ihm und fragte: «Weißt du, warum wir drei Tage und drei Nächte lang gesungen und diese lange Prozession veranstaltet haben? Wir haben die Seele unseres Bruders durch alle Ebenen begleitet, bis sie ihre ewige Heimat erreicht hat. Es war unser Weggeleit für den von uns allen geliebten Alexander.» Als Fedor am Morgen die Augen öffnete, wußte er nicht, ob er aus einem Traum erwacht oder in einem Schlaf inmitten der Welt gefangen war. Doch er bewahrte alles in seinem Herzen.

Der Pilger Eos

Wer weiß heute noch, wie es damals, vor undenklichen Zeiten, in dem sagenumwobenen Atlantis ausgesehen hat? Unbekannte Landschaften, unendliche Weite. Die Kultur hatte ihren Höhepunkt bereits überschritten und die Menschen eine Sättigung ihrer Sinne bis zum Äußersten erfahren. Interesse für Geistiges war so gut wie nicht mehr vorhanden, sogar noch schlimmer: Religion war verpönt und verboten worden. Man hatte sie aus dem Bewußtsein der Menschen verbannt. Und doch war bei einigen noch ein Hauch davon vorhanden, als Ahnung von etwas, das hinter dichten Schleiern verborgen lag, als Sehnsucht nach einer unbekannten, vollkommenen Erfüllung.

In diese Zeit hinein wurde der kleine Eos geboren. Es geschah immer seltener, daß ein Kind auf die Welt kam, denn das bedeutete für die Eltern Einschränkungen und Zurückstellung ihrer eigenen Neigungen. So wollten die wenigsten die Mühe auf sich nehmen und ein Kind großziehen.

Eos' Eltern lebten dem Geist der Zeit angepaßt ohne Religion. Ihr Kind war sanft und verträumt. Es konnte stundenlang in der Natur sitzen und die Blumen und Tiere betrachten. Manchmal legte es sich ins Gras und schaute in den Himmel. Dann war ihm, als müsse es aufsteigen in die Wolken und mit ihnen über den Himmel ziehen. Der kleine Junge wurde größer, er lernte, und es machte ihm Freude, Zusammenhänge zu erkennen.

Eines Tages war er bei einem Freund zu Besuch, der bei

seinem Großvater aufwuchs. Dieser Großvater war ein ungewöhnlicher Mann, schweigsam, mit großen blauen Augen und hoher Stirn. Er strahlte große Ruhe und Freude aus, ohne viel zu reden. Eos weilte gern in seiner Gegenwart. Etwas Geheimnisvolles umgab den Großvater. Eos ahnte etwas, aber konnte es nicht genau deuten, und so zog es ihn immer wieder in das Haus des alten Mannes.

Einmal ergab es sich, daß Eos bis spät abends geblieben war, und der Großvater schlug vor, er solle doch gleich die Nacht bei ihnen verbringen. Eos erhielt ein Schlaflager im Gastraum, der nur selten benutzt wurde. Mitten in der Nacht erwachte Eos. Es schien, als wäre er wach geschüttelt worden. Er war auch mit einem Schlag hellwach. Er setzte sich auf und hörte aus dem Nebenzimmer, in dem der Großvater schlief, leises Reden. Er wollte nicht lauschen, doch er vernahm so innige Worte der Liebe, als ob jemand sehr vertraut mit einem Freund spricht. Wie verzaubert stand Eos auf und ging der Stimme nach.

Leise öffnete er die Tür und sah den Großvater in einem weißen wollenen Umhang vor brennenden Kerzen stehen, mit leuchtendem Gesicht und erhobenen Händen. Der Großvater hatte ihn eintreten sehen, er sprach sein Gebet zu Ende und wandte sich dann an Eos: «Sei willkommen! Weißt du, was ich hier tue? Nein, sicher nicht. Ich bete! Du mußt wissen, daß es Zeiten auf der Erde gab, früher, als die Menschen noch gemeinsam beteten. Sie trafen sich an bestimmten Orten, um den Unnennbaren anzubeten. Mein Vater war das gewesen, was man einen Priester nennt, einen Diener Gottes. Und ich habe als Kind alles von ihm gelernt, was ich nur aufnehmen konnte. Dann, ich war noch ein Jüngling, begann die Regierung, alle Priester zu verfolgen und zu töten. Man sprach Flüche gegen Gott und seine Diener aus und verbot, von Ihm zu reden. So wurde auch jeder Gottesdienst verboten. Was ich hier seit Jahren unter dem Schutz des Höchsten mache, kann mich mein irdisches Leben kosten.»

Der alte Mann strahlte, während er sprach, eine solche leuchtende Kraft aus, daß Eos ihn nur gebannt anstarrte und gleichzeitig diese Kraft aufnahm, so wie der trockene Sommerboden den ersten Regen aufsaugt. Gerne wäre er für immer in der Nähe des Mannes geblieben, doch das Schicksal wollte es anders. Nur ein Samenkorn durfte dieser weise, alte Mann pflanzen, die Zeit des Reifens sollte lange dauern und viel Geduld verlangen. Eos zog mit seinen Eltern in eine andere Stadt. Der Weise verließ diese Erde, um auf anderen Ebenen ungehindert arbeiten zu können.

Nach seiner Schulausbildung mußte Eos sich für einen Beruf entscheiden. Der Vater wollte, daß sein Sohn Richter werde und dem Staat diene. Doch alles Zureden hatte bei Eos keinen Erfolg. In ihm reifte ein Bild und nahm immer mehr Gestalt an. Er wollte beten und ein Diener Gottes sein. Er spürte, wie er immer größere Scheu vor den Menschen bekam, denn diese verlachten ihn, beschimpften ihn und bedrohten ihn sogar mit dem Tod. Er wagte nur einmal, das Wort Priester auszusprechen. Einige Leute hielten ihn für verrückt. Das rettete ihn vor der staatlichen Verfolgung, aber auch vor der Verwirklichung der väterlichen Berufspläne. Eos bäumte sich gegen alle Gewalt auf, und so wurde er schließlich abgeschoben.

Das Interesse an ihm ließ nach. Er hatte Sehnsucht nach Freiheit und fand sie schließlich in der Natur. In einer kleinen Bauernsiedlung durfte er bleiben. Er half auf dem Feld.

Die Erde redete in ihrer eigenen Sprache mit ihm. Er durfte die Saat in die Erde geben. Er sprach mit der Erde, und diese antwortete ihm und schenkte überreiche Ernte. Er hütete die Tiere und beobachtete ihr Verhalten und lernte. Alles sprach zu ihm und enthüllte dem Schweigenden seine Geheimnisse.

Ein junges Mädchen beobachtete ihn schon längere Zeit. Sie hatte Gefallen an ungewöhnlichen Dingen, und daher gefiel ihr auch Eos. Er war so anders als die anderen, und sie wollte etwas Besonderes. Sie fand ihn ganz besonders schön, wenn er auf dem Hügel stehend die aufgehende Sonne anschaute und völlig selbstvergessen in den Himmel blickte. Das junge Mädchen versuchte mit ihm zu sprechen. Er war freundlich und lächelte, doch er antwortete nur das Nötigste mit leiser Stimme. Dennoch suchte sie seine Nähe weiterhin, und so wurde er langsam auf das Mädchen aufmerksam.

Mit viel Geduld und Geschick machte sich das Mädchen mit ihm vertraut, und nach langer Zeit war es soweit, daß sie offiziell zusammenleben durften. Hochzeiten im religiösen Sinne gab es seit Generationen nicht mehr, nur noch eine staatliche Bestätigung, daß man zusammenleben darf. Eos war lieb zu ihr. Doch er saß oft nur da und hörte und sah sie nicht. Er lebte in seinen inneren Welten. Dort war so vieles, was es auf Erden nicht mehr gab: Licht, Kerzen, Musik, Engel und Priester. Doch das konnte er niemand erzählen, das wußte er.

Eines Tages wurde bekannt, daß der Staat junge Männer als Soldaten suchte. Ein Krieg drohte zu entbrennen. Man kam und holte auch Eos. Ihm war es nicht so wichtig, wo er sich befand, trug er doch seine innere Welt immer bei sich. Er hegte jedoch weiter die Hoffnung, auf Menschen zu treffen, unter denen doch noch ein geheimer Gottesdiener war oder wenigstens jemand, der noch davon wußte und es Eos sagen würde.

Der Krieg ging wie eine Woge über das Land. Eos überstand alles, ohne zu wissen, was er dazu getan hatte. Er wußte nur, daß er von unsichtbaren, guten Kräften geführt wurde. Sein Dorf gab es nicht mehr, seine Frau auch nicht. Eos war einsam, die Erde war verbrannt. Traurige Zeiten hatten begonnen. Doch die Grenzen waren nicht mehr so eng. Monatelang wanderte Eos durch die Lande, lebte von Beeren und Früchten. Zu manchen Zeiten war er müde, doch dann packte ihn wieder die Unruhe. Er sprach mit den Bäumen, der Erde, der Sonne. Er fragte sie: «Wo gibt es noch einen Gottesdiener?» Doch durch die Bäume ging nur ein Rauschen. Sein Herzenswunsch, selbst Gottesdiener zu werden, lebte weiter in ihm. Und wenn das nicht möglich war, so wollte er doch wenigstens einmal den Segen eines erleuchteten Priesters empfangen dürfen.

Eos wurde allmählich alt. Noch immer war er auf der Suche. Er hatte sich in die Berge zurückgezogen und lebte in Höhlen, die er manchmal wechselte, wenn Tiere sie aufsuchten und ihm den Platz streitig machten. Abends schaute er gerne den Sonnenuntergang an und erinnerte sich an den leuchtenden Alten aus seiner Kindheit.

Eos spürte, daß er krank war. Die Stärke und Frische von früher schwanden. Eines Tages wanderte er sehr langsam, auf seinen großen knorrigen Stock gestützt, bergauf. Es gab noch höhere Berge, und er wollte immer noch ein Stückchen höher. Es zog ihn einfach in die Höhe, dorthin, wo die Adler nisteten. Er war tagelang unterwegs. Endlich hatte er den größten Teil des Berges unter sich. Hinter einer Wegbiegung entdeckte er einen Höhleneingang. Doch er war so schwach, daß er nicht mehr bis dorthin gehen konnte. Seufzend sank er zu Boden, todmüde.

Nach einer Weile hörte er Geräusche aus der Höhle. Ihm war es gleich, ob ein wildes Tier herauskam, das ihn vielleicht fressen wollte. Er war so müde und schwach, daß er kaum den Blick auf den Höhleneingang richten konnte.

Aus dem Innern der Höhle trat würdevoll eine hohe Gestalt heraus, angetan mit einem bestickten Kopfputz und einem weiten Mantel. «Ich wußte, daß du kommen würdest», sagte die Gestalt, ein hoheitsvoller, sehr alter Mann. «Ich habe fast mein ganzes Leben auf dich gewartet!»

Eos flüsterte: «Wer bist du?»

«Ich bin der letzte offizielle Priester des Landes. Ich habe mich hierher retten können und für viele Jahrzehnte Gott und der Schöpfung in dieser Höhle auf diesem Berg gedient. Es war meine Aufgabe, auf dich zu warten.»

«O du, ich bitte dich, segne mich», stammelte Eos und beugte sein Haupt auf die Knie. Der große Weise hob die Arme zum Himmel, um die ganze Kraft und allen Segen des Universums zu sammeln und sie dann mit gütigen, sanften Händen auf diesen sehnsüchtigen alten Pilger fließen zu lassen.

Eos spürte, wie ein Meer von Licht und Klang ihn durchflutete. Er fühlte sich leichter und leichter werden und endlich aufgenommen in den Kreis derer, die Gott nach einer langen Suche finden dürfen. Der Priester schaute in das verklärte Antlitz und wußte, daß dieser Erdendienst, dieser Brückenbau in das Gottesreich, auch seine letzte Arbeit gewesen war. In Eos erkannte er seinen

Seelenbruder, und ein Gefühl unendlicher Dankbarkeit durchdrang ihn. Er kniete vor dem leblosen Körper seines Bruders nieder und vereinte seine Seele mit der Seele des so sehnsüchtig Erwarteten. Zwei Seelen stiegen, endlich vereint, zu ihrer himmlischen Heimat empor.

Die Reisesser

Ein alter Chinese träumte einmal von der Hölle. Er sah eine große Halle, in der viele Tische standen. An den Tischen saßen Menschen, die sich verzweifelt bemühten, mit übergroßen Eßstäbchen aus den vor ihnen stehenden Schalen gekochten Reis zu essen.

Die Menschen sahen ganz grau, verhungert und elend aus. Da die Eßstäbchen so lang waren, konnten sie nicht auch nur ein einziges Reiskorn zum Munde führen. Das Schlimmste dabei war, daß sie sich noch gegenseitig bekämpften und beschimpften. Sie blieben hungrig und waren sehr unglücklich.

Der alte Chinese erwachte aus seinem Traum und dachte lange darüber nach. In der nächsten Nacht träumte er wieder von einer großen Halle, in der viele Menschen mit überlangen Eßstäbchen vor großen Schüsseln Reis saßen. Doch diese Menschen sahen alle blühend und fröhlich aus. Hier fütterte einer den anderen, bis er satt war. Jeder sorgte sich um den andern, und so waren sie alle zufrieden, weil keiner mehr nur an sich selbst dachte. «Ja, das muß wohl der Himmel sein», dachte der alte Chinese, als er am Morgen erwachte.

Der goldene Vogel

Es war einmal ein großer himmlischer Vogel. Er war ganz golden anzusehen. Sein Gefieder glänzte wie pure Sonnenstrahlen, und durch seine kristallene Haut sah man ein feuriges Herz schimmern. Er konnte wundervoll singen wie nie ein Vogel zuvor.

Eines Tages flog er in einen großen Wald. Keiner kannte ihn dort. Doch er strahlte so viel Licht aus, wenn er sang, daß bald alle Tiere in seine Nähe kamen, um ihm zuzuhören. Nach einer Weile geschah etwas Seltsames: Nachdem viele Tiere ihn längere Zeit gehört hatten, begannen ihre eigenen Herzen so zu strahlen, daß ein helles Licht sie umgab. Sie konnten plötzlich jeden Weg in dem dunklen Wald finden, und sie stießen sich auch nicht mehr gegenseitig, weil sie sich jetzt schon von weitem sehen konnten. Und da war noch etwas: Das Licht des einen Herzens zog das Licht der anderen Herzen an, so daß alle Tiere glücklich waren, wenn sie eng beieinander sein konnten. Keiner tat dem anderen mehr ein Leid an.

Manchmal flog der goldene Himmelsvogel für eine Weile fort. Dann versuchten die Tiere, das Licht zu bewahren. Einige versuchten, auch so herrlich zu singen wie der Goldene, doch keinem gelang es. Manchmal kamen einige wenige Töne, die schon ganz gut klangen, aber es war nicht das Lied, das der goldene, geliebte Vogel sang.

Es verging einige Zeit, und eines Tages sagte der goldene Vogel zu den Tieren des Waldes, er müsse sie nun verlassen. Doch sie sollten nicht traurig sein. Sie trügen das

Licht aus seinem Herzen in ihren Herzen, und so seien sie immer miteinander verbunden. Er habe seine Aufgabe in diesem Wald gelöst. Nun solle er zu einem anderen Stern und von dort aus alle Vögel auf allen Sternen mit seinem Licht und seinem Gesang führen.

Die Tiere des Waldes waren sehr traurig und ratlos. Sie fühlten sich plötzlich so verlassen. Doch dann begannen sie, sich jeden Morgen zu versammeln und schweigend des goldenen Vogels zu gedenken. Und auf einmal, nach langem Schweigen, begann ganz zart und leise in ihnen ein Lied zu erklingen. Es war die Stimme, die sie kannten und der sie so oft in großem Verzücken gelauscht hatten. So lernten sie auf ihre innere Stimme zu horchen.

Es verging eine lange Zeit. Da kam eines Tages wieder ein merkwürdiger Vogel in den Wald. Er war jung und kräftig, doch auch zart, und er hatte ein weißes Gefieder mit goldenen Spitzen. Sein Federkleid leuchtete, ja, jede einzelne Feder glich einem Sonnenstrahl. Er setzte sich auf einen Berggipfel und fing an, mit der aufgehenden Sonne zu singen. Er sang so zart und klar, daß alle, die ihn hörten, von seinem Gesang ergriffen waren. Bald sprach es sich unter den Tieren herum: Ein neuer König des Himmels sei gekommen.

Manche erinnerten sich noch an die herrlichen Lieder, die der andere Vogel gesungen hatte, und sie meinten, eine gewisse Ähnlichkeit herauszuhören. Es waren die Herzensschwingungen, die ihre Herzen öffneten und vor Liebe erbeben ließen.

Nun gab es aber weit vom Walde entfernt eine große Stadt mit einem Zoo. Dort lebten die Tiere davon, angestaunt und gefüttert zu werden. Sie mochten den Wald und die Sonne nicht so sehr. Alle waren freiwillig in diesem Zoo. Es hatte sich bis zu ihnen herumgesprochen, daß es in dem großen Wald auf dem hohen Berg einen seltsamen Vogel geben solle. Der sänge so schön und sei so herrlich anzuschauen.

Einmal machte sich eine neugierige Krähe auf, um zu sehen, was es damit auf sich habe. Sie flog lange und hörte schließlich im Wald diese herrliche Stimme. Sie flog so nahe heran, daß sie alles genau sehen konnte, und staunte über alle Maßen. So etwas Leuchtendes und Strahlendes hatte sie noch nie erlebt. Sie wartete, bis der Vogel sein Lied beendet hatte. Dann verbeugte sie sich tief und bat, mit ihm sprechen zu dürfen. Sie hüpfte um den herrlichen Vogel herum und krächzte, wie herrlich er sei, wie wunderbar und einzigartig. Als sie ihre Rede beendet hatte, zupfte sie ihm schnell und unbemerkt eine goldene Feder heraus und flog davon. Sie war ganz stolz, weil sie dachte, sie würde nun auch so schön leuchten wie der goldene Vogel. Doch nach kurzer Zeit ließ das Leuchten der gestohlenen Feder nach, und als die Krähe im Zoo ankam, konnte sie den anderen nur noch von ihren Erlebnissen berichten.

Der goldene Vogel hatte nichts bemerkt. Doch es geschah nun immer öfter, daß eine Krähe aus dem Zoo in den Wald kam, um ihm zuzuhören. Danach begann sie ihn zu umtanzen, und wenn der Goldene ein bißchen zu sehr in ihre Nähe kam, riß sie ihm eine Feder aus und flog davon. Den Tieren im Walde fiel es langsam auf, daß der goldene Vogel nicht mehr so strahlte. Sein goldenes Licht, das durch den ganzen Wald und von der Erde bis zur Sonne gestrahlt hatte, war dann kaum noch zu sehen.

Auch der Goldene merkte, daß etwas nicht mehr

stimmte. Er war oft unruhig und unglücklich, doch er wußte nicht, was er tun sollte. Bei Sonnenschein meditierte er oft und fühlte sich eins mit der Sonne. Hatte er nicht mehr die Kraft, die Einsamkeit in der Einheit auszuhalten, und sehnte er sich danach, in die Zweiheit zurückzukehren, beendete er seine Meditation. Fast immer erschienen dann die Krähen. Er war in solchen Momenten sogar froh, ein Gegenüber zu haben, das dicht bei ihm sein wollte. Denn die anderen Tiere behandelten ihn so sehr als Himmelsvogel, daß eine Zone von Einsamkeit um ihn herum entstanden war. Die Krähen durchbrachen absichtlich diese Zone, um sich seine leuchtenden Federn zu stehlen.

Nach einigem Zögern faßten sich einige Tauben endlich ein Herz und versuchten mit dem goldenen Vogel zu sprechen. «Du bist ein goldener Himmelsvogel», mahnten sie. «Du mußt auf deine Federn achtgeben. Du strahlst nicht mehr so hell wie früher.» Doch der goldene Vogel entgegnete nur: «Ach, ich bin ein Vogel wie jeder andere. Ich bin kein Himmelsvogel.» Und alles ging weiter wie zuvor.

Viele Vögel beteten für ihren goldenen Vogel. Sie schickten ihm Licht aus ihrem Herzen, damit sein Licht nicht ausgehen möge. Sie sorgten sich sehr um ihn. Da sagte ein kleiner unscheinbarer Vogel: «Selbst wenn mich der Goldene aus dem Walde verstößt – ich werde ihn immer in meiner Liebe behalten –, aber ich muß mit ihm reden. Es ist wichtig für ihn und für uns alle!»

So flog er in die Nähe des geliebten Vogels, setzte sich auf einen Ast und begann zu singen. Er sang zur Sonne: «Sonne, du Geliebte, ich bitte dich, hilf! Du bist unsere

Heimat und der Führer des goldenen Vogels. Wir tragen alle ein Fünklein von deinem Licht in uns. Gib, daß der Geliebte Kraft bekommt, um die Einheit mit dir zu ertragen. Laß ihn, wenn er einsam ist, merken, daß wir alle für ihn da sind, ihm Kraft von unserer Kraft, Licht von unserem Licht und Liebe geben wollen. Denn alles Licht und alle Liebe fließen in einen goldenen Strom, und alles gehört zusammen.»

Der goldene Vogel hatte zuerst nicht hingehört. Doch der Kleine sang sein Lied wieder und wieder. Da erkannte der Goldene die Melodie in seinem Herzen. Er erinnerte sich: Das war die Melodie, die einst der große alte Sonnenvogel gesungen hatte. Er besann sich, und allmählich wurde er wieder leuchtender. Er nahm an Kraft und Reinheit zu. Er war nun so erfüllt von seinen Meditationen mit der Sonne, daß er klar und feurig wie sie selbst wurde. Wenn er sein Gefieder spreizte, sah man sein vor Liebe glühendes Herz, so daß alle, die ihn hörten und spürten, auch vor Licht und Liebe glühten. Doch die Sehnsucht nach seiner wahren Heimat wurde in dem goldenen Vogel immer stärker, und eines Tages segnete er alle Vögel und Tiere, die ihm in Treue ergeben waren. Er verabschiedete sich von ihnen und sagte, er fliege voraus in die Sonnenwälder des ewigen Lebens, um ihnen dort Wohnstätten zu bereiten.

Der Honigverkäufer

In der Nähe von Bagdad lebte ein Mann, der bei allen Menschen sehr beliebt war. Er hieß Saadi und war von liebevollem, freundlichem Gemüt. Er verkaufte Honig und zog mit seiner Ware durch Städte und Dörfer. Durch seine freundliche Art gewann er die Herzen der Menschen im Nu. Man erzählte von ihm, er habe so viele Kunden, wie Fliegen um eine Zuckerstange fliegen. Selbst wenn er Gift verkauft hätte, die Menschen hätten es als Honig gekauft, so süß waren seine Rede und sein Wesen.

Ein arbeitsloser Mann, verbittert und neidisch, beobachtete Saadi voller Eifersucht. Er studierte genau die Art und Weise, wie der andere seinen Honig verkaufte. Und eines Tages stolzierte er selbst mit einigen Honigtöpfen durch die Stadt. Er rief seinen wunderbaren, guten Honig aus, aber niemand verspürte den Wunsch, ihm etwas abzukaufen. Bei Anbruch der Nacht hatte er noch keinen Pfennig eingenommen. Er schlich sich in eine Hausecke und setzte sich müde und mit bitterbösem Gesicht auf einen großen Stein.

Die Frau des Nachbarn kam vorbei und scherzte: «Für jemanden mit einem sauren Gesicht ist selbst Honig noch bitter. Man ißt kein Brot an einem Tisch mit jemand, dessen Gesicht so faltig ist wie das Tischtuch, auf dem es gereicht wird. Wenn du nicht mit dem süßen Wesen und der süßen Sprache des Saadi sprichst, wirst du weder Gold noch Silber einnehmen.»

Das schnelle Pferd

Hatim war der stolze Besitzer eines Pferdes, das schneller und leichter war als die Morgenluft. Davon hörte der Sultan. «Niemand ist großzügiger als Hatim», wurde dem Sultan berichtet. «Und kein Pferd ist schneller und klüger als seines. Es überquert die Wüste sicher wie ein Schiff, während ein Adler schon erschöpft ist.»

Ich werde mir von Hatim dieses Pferd wünschen, dachte sich der Sultan. Wenn Hatim so großzügig ist, wird er es mir schenken. Dann weiß ich, daß seine Treue zu mir echt ist. Wenn nicht . . .

So schickte er einen Boten und zehn Diener zu Hatim. Dieser bereitete ein großes Fest, schlachtete zu Ehren der Gäste ein Tier und briet es. Am folgenden Morgen erklärte der Bote den Zweck seines Besuches. Der Sultan wünsche sich Hatims wunderbares Pferd.

Da wurde Hatim sehr aufgebracht: «Warum hast du mir das nicht gestern gesagt? Ich habe dieses herrliche Pferd letzte Nacht geschlachtet und gebraten, damit ihr etwas zu essen hattet. Es war nichts anderes mehr da, was ich euch hätte anbieten können. Ich wollte meine Gäste nicht hungrig schlafen schicken.» Er schenkte den Männern Geld und herrliche Kleider. Als sie zurückgekehrt waren und dem Sultan alles erzählten, pries dieser Hatim für seine außergewöhnliche Großzügigkeit und Gastfreundschaft.

Der Treuebeweis

In Indien lebte ein angesehener Sufi-Lehrer, der eine Schar ihm sehr ergebener Schüler besaß. Sufis glauben an den einen Gott, Allah, und an die Propheten Gottes, besonders aber an Mohammed. Eines Tages nun sagte dieser Lehrer zu seinen Schülern: «Ich habe meine Ansicht geändert. Ich will nicht mehr Allah loben, sondern ich fühle, ich muß der Göttin Kali meine Verehrung entgegenbringen. Ich will in ihren Tempel gehen und mich vor ihr verneigen.»

Unter den Schülern waren viele Doktoren und Professoren, doch trotz aller intellektueller Bildung waren sie ratlos. Sie konnten nicht verstehen, daß ihr großer Lehrer, in den sie so viel Vertrauen gesetzt hatten, in den Tempel gehen wollte, um die Göttin Kali zu verehren. Er, ein Mann, der Gotteserkenntnis besaß wie kaum ein anderer! Sie dachten: «Ist das richtig? Es ist gegen die Religion des formlosen Gottes, es ist gegen alle Sufi-Lehren, daß er Kali verehren will.» Tausend Schüler verließen den Lehrer auf einmal.

Nur ein junger Schüler blieb bei ihm. Er war dem Lehrer sehr ergeben und folgte ihm zum Tempel der Göttin Kali. Der Lehrer war glücklich, seine tausend anderen Schüler los zu sein. Obwohl diese voller Wissen und Gelehrsamkeit waren, kannte ihn doch keiner von ihnen wirklich. Es war ihm nur recht, daß sie alle gegangen waren.

Als der Lehrer mit seinem jungen, nun einzigen Schüler vor dem Tempel stand, sagte er dreimal zu ihm: «Warum gehst du nicht auch? Schau, tausend Leute, die solch ein Vertrauen und eine solche Verehrung hatten, sind gegangen. Ich habe nur ein Wort gesagt, und alle haben mich verlassen. Warum gehst du nicht auch? Hat die Mehrheit nicht immer recht?»

Der Schüler jedoch folgte seinem Lehrer. Durch diesen Beweis von Liebe und Treue empfing der Lehrer große Inspiration, und die menschliche Natur enthüllte sich ihm. Sein Herz war erfüllt, als sie den Tempel der Kali betraten. Er fiel in tiefer Ekstase vor der Göttin nieder und beugte sein Haupt. Der junge Schüler tat es ihm nach.

Als sie sich wieder erhoben hatten, fragte der Lehrer seinen Schüler: «Warum hast du mich nicht auch verlassen wie die tausend anderen?»

Der junge Mann antwortete: «Du hast nichts gegen meine Überzeugung getan. Denn die erste Lehre, die du mir gegeben hast, war: ‹Nichts existiert als Gott allein!› Wenn das wahr ist, dann ist dieses Bild nicht Kali, es ist auch Gott. Was macht es, wohin du dich verbeugst – zum Osten oder Westen, zur Erde oder zum Himmel? Wenn außer Gott nichts existiert, dann ist alles, wovor man sich verbeugt, Gott.›

Alle die gelehrten Schüler hatten dieselbe Lehre erhalten, doch sie hatten ihre zentrale Bedeutung nicht erfaßt. Der junge Schüler wurde später der berühmte Sufi-Meister Kwaja Moin-ud-din Chisti. Jedes Jahr pilgern Tausende an sein Grab nach Ajmer. Moslems, Hindus, Juden und Christen verehren diesen großen Meister in der Erkenntnis, daß es nur den einen Gott allein gibt. Allah hu Akbar – Gott ist groß!

Der vertrauenswürdige Räuber

In einer Wüste lebte ein sehr gefürchteter Räuber. Alle Karawanen, die durch diese Wüste zogen, wurden vor diesem Räuber gewarnt und fürchteten sich sehr vor ihm.

Einmal kam eine Karawane in die Nähe des Ortes, wo sich der Räuber aufhielt. Ein überaus ängstlicher Kaufmann, der sich um seinen Beutel mit Goldmünzen sorgte, dachte, wenn er doch nur jemand Vertrauenswürdigen finde, dem er für eine Weile sein Geld anvertrauen könne.

Er erblickte in der Ferne ein Zelt und ging darauf zu. Als er näher kam, sah er einen Mann vor dem Zelt sitzen, der seine Pfeife rauchte. Er grüßte ihn höflich und sagte: «Ich bin so besorgt, denn ich habe gehört, daß hier in der Gegend Räuber hausen. Ich bitte dich sehr, meinen Geldbeutel für mich aufzubewahren.»

«Das mache ich gern», erwiderte der Mann und nahm den Beutel an sich.

Als der Kaufmann zurück zu seinen Leuten kam, hörte er, daß in der Zwischenzeit die Räuber einen Überfall auf sie verübt und alle Wertsachen geraubt hätten. Er sagte sich innerlich: «Gott sei gedankt für meinen Einfall. Er ließ mich das Geld in Sicherheit bringen.»

Später ging er zurück zu dem Zelt, wo er sein Geld dem Mann mit der Pfeife überlassen hatte. Und was sah er? Um den Mann mit der Pfeife saßen die Räuber herum und teilten sich gerade ihre Beute. Sein vertrauenswürdiger Mann war offensichtlich der Anführer der Räuber.

Der Kaufmann stand unbemerkt ein wenig abseits: Er

fürchtete sehr, man würde ihn entdecken und dann vielleicht umbringen. Er dachte noch, wie dumm er gewesen sei, einem Räuber sein ganzes Geld anzuvertrauen. Gerade wollte er leise wegschleichen, da rief der Räuberchef: «Warum kommst du und gehst gleich wieder?»

Der Mann erwiderte: «Ich dachte, als ich dir mein ganzes Geld gab, daß du es mir wiedergeben würdest. Aber jetzt sehe ich, daß du zu den Räubern gehörst, die die Karawane überfallen haben.»

Der Chef lachte lauthals: «Was hat das damit zu tun, daß du mir dein Geld anvertraut hast? Die Münzen, die du mir gabst, sind dein Geld, du hast es mir anvertraut! Es ist nicht geraubt, es war in meine Obhut gegeben – hier, ich gebe es dir hiermit zurück.» Mit diesen Worten reichte er dem Reisenden seinen Beutel mit Goldtalern.

Das Glas

Der König brauchte einen neuen Diener. Klug, ehrlich und treu sollte er sein, und dazu sollte er selbständig handeln und entscheiden können. Es hatten sich viele junge Männer um dieses Amt beworben. Dem König fiel die Entscheidung nicht leicht. Wie sollte er den Geeigneten herausfinden? Er überlegte eine ganze Nacht lang und opferte dafür seinen Schlaf. Schließlich hatte er eine Idee.

Er bestellte alle in Frage kommenden Anwärter an seinen Hof. Von seinem Minister ließ er für jeden Anwärter ein schön geschliffenes Glas besorgen. Es waren zwanzig Anwärter, und zwanzig kostbare, funkelnde Kristallgläser wurden auf einem großen Tisch aufgestellt.

Als alles bereit war, trat der König ein und begrüßte die Anwesenden. Dann gab er dem ersten ein Glas in die Hand und befahl: «Wirf es zu Boden!» Der junge Mann tat, wie ihm geheißen. Das Glas zerschellte am Boden. Mit allen zwanzig Anwärtern machte der König das gleiche. Als das letzte Glas zersprungen war, ging der König zum ersten Anwärter und fragte ihn: «Warum hast du das Glas zerstört?»

«Weil du, o König, es mir befohlen hast!» war die Antwort. Der zweite, der dritte, alle bis auf den letzten gaben dieselbe Antwort. Der letzte sagte: «Es tut mir leid, König, bitte verzeihe mir, daß ich das schöne Glas zerstört habe.»

Der König fragte ihn, wie er heiße. «Ayyaz», antwortete der junge Mann.

«Und woher kommst du?» Er sei ein Sklave, den ein Mi-

nister auf Probe gekauft habe. Wenn er sich nicht als nütz-
lich erweise, so werde er wieder verkauft, antwortete
Ayyaz.

Doch der König sagte, daß er ihn dem Minister abkau-
fen und als Diener einstellen wolle. So begann Ayyaz am
Hofe des Königs ein neues Leben.

Ayyaz

Ein Sklave namens Ayyaz wurde vom König hoch geschätzt. Als Zeichen seiner Hochachtung ernannte er ihn zu seinem Kämmerer. Die kostbarsten Perlen und Edelsteine wurden Ayyaz anvertraut. Das verursachte natürlich unter den anderen Sklaven Neid und Mißgunst. Auch die Diener wurden böse und eifersüchtig, weil ein einfacher Sklave einen so hohen Rang bekleidete. Sie versuchten unaufhörlich bei Ayyaz Fehler zu finden, um ihn beim König schlechtmachen zu können. Eines Tages sagte einer der Diener: «Ayyaz geht jeden Tag in die Schatzkammer, auch wenn er dort gar nichts zu tun hat. Er bleibt für Stunden darin und redet. Ich bin sicher, er stiehlt kostbare Juwelen.»

Tag für Tag mußte sich der König die Anschuldigungen gegen Ayyaz anhören. Schließlich sagte er: «Wenn das wirklich wahr ist, so will ich mich mit meinen eigenen Augen davon überzeugen.» Er ging und machte ein Loch in die Mauer, so daß er sehen und hören konnte, was sein Sklave in der Schatzkammer tat.

Als Ayyaz wieder einmal die Schatzkammer betrat und die Tür hinter sich schloß, stand der König an dem Loch und konnte alles beobachten. Zuerst öffnete Ayyaz eine Truhe, in der die kostbaren Juwelen des Königs aufbewahrt waren, und nahm etwas heraus, das er dort verwahrt hatte. Er küßte es und preßte es an seine Augen, dann öffnete er das Paket. Und was war darin? Es war das Gewand, das Ayyaz getragen hatte, als er noch ein einfacher Sklave war.

Er legte seine Kämmererkleidung ab und zog den Sklavenanzug an, dann trat er vor den Spiegel und sprach zu seinem Spiegelbild: «Ayyaz, erinnerst du dich noch, was du früher warst? Nichts! Ein Sklave, der vor den König gebracht wurde, um verkauft zu werden. Der König schätzt etwas an dir. Tue dein Bestes, habe Vertrauen zu dem König. Er hat dich zu dem gemacht, was du jetzt bist. Vergiß nie den Tag, da du dieses Gewand trugst, damit du deinen Kopf nicht im Stolz erhebst über die anderen, die unter dir stehen. Laß nie die Dankbarkeit aus deinem Herzen weichen, denn Besitz ist immer berauschend. Bleibe nüchtern, danke Gott und bitte Ihn um ein langes Leben für den König. Sei dankbar für alles, was du bekommen hast!» Nach diesen Worten legte er das alte Gewand wieder ab, verstaute es in der Truhe, öffnete die Tür und trat hinaus.

Der König empfing ihn mit offenen Armen und sagte: «Ayyaz, bis jetzt warst du der Verwalter meiner Juwelen, aber von nun an bist du der Kämmerer meines Herzens. Du hast mich heute gelehrt, wie ich vor meinem König stehen muß, denn vor Ihm war ich nichts und bin ich nichts. Nur Gott allein ist der Höchste und unser Herr.»

Wissen und Glauben

Der Lehrer al Im wurde nicht müde, in seinen Unterrichtsstunden die Macht und Kraft des Gebets zu rühmen. Er zitierte alte Weise und Wundermänner, die nur kraft des Gebets große Dinge vollbracht hatten.

Die Schüler hingen mit leuchtenden Augen an seinen Lippen. War der Unterricht vorüber, standen sie oft in kleinen Gruppen beisammen und diskutierten das Gehörte. Nur ein Schüler namens Moumin war immer recht schweigsam. Er nahm zwar aufmerksam am Unterricht teil, doch kaum war dieser beendet, so ging Moumin seiner Wege. Ihm waren die Worte des Meisters so kostbar, daß er es nicht fertigbrachte, zu reden und vielleicht sogar die Gedanken des Meisters in Frage zu stellen.

Moumin mußte einen weiten Weg zurücklegen, ehe er zu Hause ankam. Täglich wanderte er zum Fluß, um an einer bestimmten Stelle ein Boot zu besteigen und zur anderen Seite des Flusses zu gelangen, wo sein Meister lehrte. Eines Tages war Moumin wieder tief in Gedanken darüber versunken, was sein Lehrer so oft gesagt hatte: daß man nur wahrhaft beten und glauben müsse, um etwas zu erreichen.

So kniete er am Flußufer nieder und betete mit Inbrunst. Als er sein Gebet beendet hatte, stand er auf und ging über das Wasser auf die andere Flußseite. Er war überglücklich. Eine solch herrliche Erfahrung verdankte er seinem geliebten Lehrer! Er wollte ihm auf eine besondere Weise danken und ihm ein herrliches Festmahl bereiten.

Am nächsten Tag lud Moumin al Im zum Essen ein, und

dieser sagte mit Freuden zu. Nach dem Unterricht gingen sie gemeinsam zum Fluß, um zu Moumins Haus zu gelangen. Am Flußufer fragte der Lehrer: «Wo ist das Boot, damit wir den Fluß überqueren können?»

Moumin antwortete: «Seit ich an deinem Unterricht teilgenommen habe, brauche ich kein Boot mehr. Laß uns gemeinsam beten und dann über das Wasser gehen. Seit du mich lehrtest, mache ich es immer so.»

Der Lehrer schaute seinen Schüler an und fühlte sich sehr beschämt. Er hatte nur darüber gesprochen, doch sein Schüler hatte die Worte verwirklicht.

Das ist der Unterschied zwischen Wissen und Glauben.

Der König und der Alchimist

Es war einmal ein König, der war sehr begierig, einen Menschen zu finden, der es verstand, wirklich Gold zu machen. Viele Männer kamen an den königlichen Hof und behaupteten, diese Gabe zu besitzen. Doch letztlich stellte sich immer heraus, daß die Männer, die zuerst so wichtig taten, doch kein Gold machen konnten.

Einmal erzählte ein Diener dem König von einem Mann, der in einem Dorf lebe und sehr bescheiden sei. Dieser sei ein wahrer Alchimist, er könne wirklich Gold machen. Der König ließ sofort nach ihm schicken, und der Mann kam an den Hof. Der König erklärte ihm seinen Wunsch, die Alchimie zu erlernen, und versprach, daß er ihm alles, was er von ihm verlange, geben würde.

«Nein», meinte der Mann. «Ich weiß nichts von einer solchen Sache. Du fragst den Falschen, König.»

Der König aber sagte: «Jedermann erzählt mir, jeder sagt mir, daß du es bist, der Gold machen kann.»

«Du hast den Falschen gefunden», beharrte der Mann.

«Paß auf», drohte der König, «ich werde dich ins Gefängnis werfen lassen, wenn du mir nichts sagst.»

«Tu, was du willst», entgegnete der Mann.

«Gut, ich gebe dir sechs Wochen Zeit zum Nachdenken. Sagst du mir bis dahin nichts, wirst du hingerichtet.»

Der Mann wurde ins Gefängnis geworfen, und jeden Morgen suchte ihn der König auf und fragte ihn: «Hast du es dir anders überlegt? Willst du mich jetzt unterrichten? Der Tod rückt immer näher. Nimm dich in acht, gib mir dein Wissen!»

Doch der Mann erwiderte gelassen: «Nein, König, gehe zu einem anderen, der das, was du wünschst, dir auch geben kann. Ich bin nicht der Richtige.»

Doch jede Nacht ging der König als Wächter verkleidet in das Gefängnis und betreute den Gefangenen. Er fegte ihm die Zelle, brachte ihm Essen und fragte ihn, was er noch für ihn tun könne. Er fragte, ob der Gefangene Kopfschmerzen habe, ob er müde sei, ob er ihm das Bett machen solle. Er tat alles, was ein Mensch nur für einen anderen tun kann. Und so verging die Zeit, und auf einmal blieb nur noch ein Tag übrig.

Der König, der den Gefangenen jeden Morgen besuchte, sagte zu ihm: «Jetzt ist es nur noch ein Tag bis zu deinem Tod. Es ist die letzte Gelegenheit, dein Leben zu retten.»

Doch der Mann blieb standhaft. «Nein, König, du suchst jemand anderen, nicht mich.»

In der Nacht, als der Wärter wieder kam, sagte der Gefangene, indem er ihm seine Hand auf die Schulter legte: «Armer Mann, armer Wärter, du bist so mitleidig. Ich werde ein Wort in dein Ohr flüstern, ein Wort der Alchimie, und dieses Wort wird dich aus Blei in Gold verwandeln.»

Der Wärter sagte: «Ich weiß nichts von Alchimie, ich verstehe nur, dir zu dienen, und ich bin sehr traurig, daß du morgen sterben mußt. Ich wünschte, ich könnte mein Leben für dich geben.»

Der Alchimist erwiderte: «Es ist besser für mich zu

sterben, als die Alchimie an einen Unwürdigen zu verraten. Ich kann das Geheimnis nur einem Würdigen mitteilen. Was du mir an Liebe und Mitgefühl geschenkt hast, kann ich dir danken, indem ich dir das Geheimnis schenke. Dem König enthülle ich es nicht. Und warum? Weil du es verdienst und nicht der König.» Er flüsterte die Worte des Geheimnisses in sein Ohr.

Am Morgen kam der König zu ihm, um ihn zum letzten Male zu warnen. Er sagte: «Jetzt ist deine letzte Chance. Entweder du offenbarst mir dein Geheimnis, oder du wirst enthauptet.» Der Mann verweigerte wieder die Antwort. Da triumphierte der König: «Du hast es mir ja bereits gegeben.»

Doch der Mann antwortete: «Hab' ich es dir gegeben? Ich gab es nicht dem König, ich gab es dem Diener.»

Rose oder Feuer

Der Meister Jamil verspürte einmal große Lust, mit seinen Schülern einen Spaziergang zu machen. Der Tag war herrlich, die Blumen blühten, und die bunten Vögel wetteiferten im Gesang. Sie gingen eine Weile und betraten dann einen herrlich angelegten Park. Viele Blumen gab es hier, herrliche Rabatten und kunstvolle Springbrunnen. Inmitten der Blumenbeete stand ein großer Rosenstock mit wunderschönen Teerosen. Die Blüten waren erst ganz wenig erblüht, und Tautropfen lagen auf den duftenden, sich in der Sonne öffnenden Rosenblättern.

Der Meister blieb vor dem Rosenstock stehen, überwältigt von dessen Schönheit. Er rief: «O Gott, Lob sei Dir, daß Du so etwas Schönes erschaffen hast! Ja, Deine Schönheit ist in dieser Rose zu erkennen!» Er beugte sich vor und küßte die Blume.

Die Schüler hatten sich zwar bemüht, einen respektvollen Abstand zu ihrem Meister zu halten, doch gleichzeitig versuchten sie voller Neugier alles mitzubekommen, was er tat und sagte. Kaum war der Meister aus seiner Versunkenheit aufgetaucht, setzte er seinen Weg fort. Doch seine Schüler rannten nun eifrig umher, um auch Rosen zu küssen und die Worte des Meisters nachzuplappern. Der Gärtner, der das ganze Treiben mit steigendem Mißtrauen beobachtet hatte, kam laut schimpfend herbei und fragte, was sie eigentlich täten. Die Schüler entschuldigten sich und sagten, daß sie nur dem Beispiel ihres Lehrers folgten. Der Lehrer schwieg und setzte seinen Weg fort.

Sie kamen aus dem Park heraus und gingen weiter in einen angrenzenden Wald. Nach einem Stück Weges gelangten sie an eine Hütte, aus der das Hämmern eines Schmieds zu hören war. Sie sahen, daß der Schmied ein rotglühendes Eisen im Feuer hatte. Der Lehrer grüßte den Schmied, schaute ins Feuer und sprach: «Lob sei Dir, o Gott! Wie unsagbar herrlich ist dieses Feuer, wie urgewaltig leuchtet es und schenkt uns eine Ahnung vom Werden der Welt! Wie herrlich ist Deine Anwesenheit, geliebter Gott, in diesem Feuer!» Dann beugte er sich vor und küßte das rotglühende Eisen. Danach drehte er sich langsam um, sah seine Schüler an, die alle in achtungsvoller Entfernung standen, und fragte: «Warum macht ihr das nicht auch nach?»

Doch keiner hatte das Bedürfnis, es ihm nachzutun. Es ist leichter, nur schöne Dinge zu imitieren. Doch die Echtheit zeigt sich erst im Allumfassenden.

Die Geschichte vom Amir von Kabul

Amir, ein König, befand sich einmal auf einem Jagdausflug durch den Dschungel, und es geschah, daß er seine Leibwache und seine Leute nicht mehr fand. Hungrig und durstig wußte er nicht, wohin er gehen sollte. So schlug er die Richtung durch die Felder ein und hoffte, irgendwo ein Haus zu finden.

Nach längerer Zeit gelangte er zu einem Bauernhaus und fragte die Bewohner, ob sie ihm etwas zu essen geben könnten, er sei sehr hungrig. Die Bauersleute ahnten nicht, daß ihr König vor ihnen stand. Sie freuten sich, ihm die im Lande üblichen Speisen der Armen vorsetzen zu können. So bescheiden die Bewirtung auch war, Amir erschien sie köstlich, denn er hatte einen so großen Hunger, und die Herzlichkeit und Bereitwilligkeit der Leute freute ihn sehr.

Der Herrscher überreichte ihnen als Dank sein Siegel und sprach: «Solltet ihr je in Bedrängnis geraten, so geht damit zur Stadt und zeigt es irgendeiner Behörde. Euch wird dann nach Kräften geholfen werden.» Sie wollten das Siegel zuerst nicht annehmen, da sie für ihre Gastfreundlichkeit keine Gegengabe erwartet hatten. Doch dann nahmen sie es und bedankten sich.

Etliche Jahre später kam eine große Hungersnot über das Land. Die Menschen hatten kein Vieh mehr, die Felder waren ausgetrocknet, und alle, besonders die Kinder, litten großen Hunger. Da entschloß sich der alte Bauer, mit dem Siegel in die Stadt zu gehen.

Sobald die Wachen in Kabul das Siegel sahen, führten sie

den Mann zum König. Der Bauer blieb still in der Halle des Palastes stehen und wartete, daß der König ihn empfange. Es war dieselbe Halle, in der Amir, der König, seine Gebete verrichtete. Es verwunderte den Bauern sehr, was all die Verbeugungen und das Niederknien bedeuten mochten.

Als Amir nach einer Weile seine Gebete beendet hatte, begrüßte er den Bauern: «Warum bist du gekommen? Wie geht es deiner Familie?»

«Die Hungersnot ist so schlimm. Das hat mich dazu veranlaßt, zu dir zu kommen. Aber bitte sagt mir, was habt ihr da vorhin solange getan?»

Der König erwiderte: «Ich habe Gott meine Gebete dargebracht.»

«Wem?» fragte der Bauer.

«Gott», erwiderte der König.

«Gott? Wozu denn?»

«Damit Er mir alles gebe, was ich für mich und meine Untertanen brauche. Ich erbat Seinen Schutz und Beistand.»

«Gibt es denn jemand, der Euch und Euren Untertanen geben kann, was Ihr wünscht?» fragte der Bauer.

«Ja, Gott kann es.»

Worauf der Bauer sagte: «Wenn es einen gibt, der größer ist als Ihr, warum sollte ich mich da nicht auch an Ihn in meiner Not wenden können?»

Der König war über die Geduld und Zuversicht des notleidenden Mannes zutiefst gerührt. Er sandte ihm und seinen Angehörigen alles, was sie benötigten, und ließ ihnen ausrichten, nicht er, sondern der König der Könige sei der Spender.

Der Hütejunge

Es war einmal ein Hütejunge, der das Vieh seines Vaters bewachte. Eines Tages hörte er von einem Imam, der besonders gut predigen würde. Der Hütejunge hatte die Gelegenheit, diesen Lehrer zu hören, und wurde von dessen Worten tief ergriffen. Wie herrlich lobte der Mann Gott und Seine Schöpfung.

Als der Knabe das nächste Mal alleine in der Natur war, begann er vor sich hin zu sprechen: «O Gott, ich habe soviel von Dir gehört. Du bist gut und liebevoll. Ich habe das Gefühl, als ob Du bei mir wärst. Wärest du wirklich hier, so würde ich gut für Dich sorgen, noch viel besser, als ich es für meine Schafe tue. Im Regen würde ich Dich unter mein Laubdach nehmen und bei Kälte Dich in meinen Mantel hüllen. Im Sonnenschein ließe ich Dich baden. Ich würde Dir auf meiner Flöte vorspielen. Ach, komm doch, o Gott, und schaue, was ich alles für Dich tun würde.»

Da kam Moses vorbei und hörte alles, was der Knabe sprach. Moses sagte streng: «Knabe! Wie dumm ist dieses Reden! Gott ist der Ungenannte, der Ungesehene. Er ist allmächtig. Er ist jenseits von Wort, Farbe und Form.» Der Knabe war sehr enttäuscht und erschrocken über das, was er getan hatte.

Aber die nächste Botschaft Gottes an Moses war: «Wir sind sehr unzufrieden mit dir, daß du einen Frommen Uns entfremdet hast. Wenn er Uns auch nicht so kannte wie du, so konnte sein Geist Uns doch erfassen. Alle, die Uns ergeben sind, machen sich auf ihre Weise ein Bild von

Uns, und Wir empfangen ihre Liebe auf jede Weise. Alle sind Unsere Geschöpfe, auch die, die die Sonne anbeten, erkennen Wir als Gottesverehrer an. Wir haben dich gesandt, Unsere Kinder mit Uns zu vereinen, nicht um sie Uns zu entfremden.»

Das Geheimnis der Freiheit

Es war einmal ein König, der besaß einen Papagei, den er sehr liebte, so sehr, daß er ihm einen goldenen Käfig bauen ließ. Der beste Goldschmied des Landes bekam den Auftrag, den Käfig mit schönen Filigranarbeiten und goldenen Blumen zu verzieren. Der König und die Königin schenkten dem Papagei so viel Aufmerksamkeit, daß alle am Hofe neidisch wurden.

Eines Tages wollte der König in den Wald gehen, aus dem der Papagei stammte. So sagte er zu ihm: «Mein Lieber, ich habe dich sehr lieb, und ich habe immer alles für dich getan. Falls du es wünschst, möchte ich gerne deinen Brüdern und Schwestern im Wald eine Botschaft von dir übermitteln.»

Der Papagei entgegnete: «Wie liebenswürdig von dir, daß du mir so etwas anbietest. Sage meinen Brüdern im Dschungel, daß der König und die Königin ihr Möglichstes getan haben, um mich glücklich zu machen. Ich wohne in einem goldenen Käfig, erhalte alle Arten von Früchten und schönen Sachen, und sie lieben mich sehr. Doch trotz allem, trotz aller Aufmerksamkeit, die sie mir schenken, habe ich Sehnsucht nach dem Wald und den Wunsch, bei euch zu sein, so frei, wie ich es vorher gewohnt war. So bitte ich euch, schickt mir euer Wohlwollen und eure Liebe. Man lebt nur, wenn man hofft. Vielleicht wird sich eines Tages mein Wunsch erfüllen.»

Der König ging in den Wald zu dem Baum, von dem er damals den Papagei gefangen hatte, und sprach zu den Brü-

dern des Papageis: «Oh, ihr Papageien, ich habe einen von euch zu mir in den Palast genommen. Ich bin ganz vernarrt in ihn, und er bekommt all meine Liebe. Hier ist die Botschaft eures Bruders.»

Sie lauschten alle sehr aufmerksam der Botschaft, und dann fiel einer nach dem andern vom Baum auf den Boden und schien tot zu sein.

Der König war über alle Maßen erschrocken. Er konnte es sich nicht erklären, was er gesagt haben sollte, daß die Vögel so sehr in ihren Gefühlen getroffen hatte. Die liebenden Papageien hatten sicher nicht die Botschaft ihres Bruders ertragen. Der König dachte bei sich: «Welche Sünde habe ich begangen, daß ich so viele Leben zerstört habe?»

Er kehrte in seinen Palast zurück und ging zu seinem Papagei. «Wie dumm, o Papagei, mir eine solche Nachricht mitzugeben! Sobald deine Brüder davon hörten, fiel einer nach dem anderen von dem Baum, auf dem sie saßen, und alle lagen wie tot vor mir.» Der Papagei hörte zu, schaute sanft in den Himmel und fiel auch zu Boden. Der König war nun noch trauriger. «Wie dumm ich war! Zuerst brachte ich den Vögeln im Walde die Botschaft und tötete sie, und jetzt bringe ich die Botschaft noch zu ihm und töte auch ihn.» Es war für den König sehr bestürzend. Was bedeutete das alles?

Er befahl seinem Diener, den toten Papagei auf eine goldene Bahre zu legen und ihn mit allen Ehren und Zeremonien zu verbrennen. Der Diener nahm den Papagei mit großer Achtung aus dem Käfig und löste die Kette von seinen Füßen. Und dann, als er ihn auf die Bahre legte, flog der Papagei plötzlich hoch und setzte sich auf das Dach. Der König rief: «O Papagei, das ist Betrug!»

Der Papagei aber antwortete: «König, das war das Ziel

meiner Seele. Es ist das Ziel einer jeden Seele, frei zu sein. Meine Brüder im Dschungel waren nicht tot. Ich hatte sie gebeten, mir einen Weg in die Freiheit zu zeigen, und sie taten es. Ich habe nur getan, was sie mir geraten haben, und nun bin ich frei.»

Der König war zuerst verwirrt, doch im Laufe der Zeit verstand er, daß auch seine Seele diese Sehnsucht nach Freiheit in sich trug.

Die drei Frösche

Es war einmal eine Prinzessin, die war wunderschön – ganz grün. Sie hatte einen herrlichen breiten Mund, der von einem Ohr zum anderen reichte. Ihre Augen glänzten moorig samten, und sie aß am liebsten kleine Fliegen, denn sie war eine Froschprinzessin. Ihr Vater suchte einen passenden Mann für sie. Das konnte natürlich nicht irgendein hergelaufener Frosch sein. Er mußte schon ganz besondere Fähigkeiten haben.

Der König ließ also in der Froschwelt bekanntgeben, daß sein zukünftiger Schwiegersohn eine sehr schwierige Prüfung abzulegen habe, die auf Leben und Tod ginge. Dafür würde er aber auch die zauberhafte Prinzessin zur Frau bekommen.

Es meldeten sich viele Frösche, doch einige waren zu alt, andere sahen mehr wie eine Kröte aus, denn sie hatten lauter Warzen auf der Haut, und andere wieder waren viel zu jung. Es blieben schließlich drei Frösche übrig, die in die engere Wahl kamen. Diese wurden an den Königshof geladen, zuerst mußten sie eine ganze Nacht, jeder für sich allein, warten, bevor am nächsten Morgen die Prüfung beginnen sollte.

Auf der großen königlichen Wiese hatte man drei hohe Gläser aufgestellt und mit flüssiger Sahne gefüllt. Dann wurde der erste Frosch geholt und zu einem der Gläser gebracht. Eine kleine schmale Leiter führte zu dem Glas empor. Er sollte die Leiter hinaufklettern, in das Glas springen und von dort ohne Hilfe wieder herauskommen.

Mühsam kletterte er die Leiter empor, und – schwupp – sprang er in das Glas. Die weiße Sahne spritzte, als er zu strampeln anfing. Er strampelte wie verrückt, um an der Oberfläche zu bleiben. «Ach Gott, es ist Milch, und Milch ist für Frösche tödlich», dachte er. Da verließen ihn auch schon die Kräfte, und er ertrank.

Die Diener holten den nächsten Kandidaten. Der zweite Frosch hüpfte breit lächelnd die Leiter empor und sagte noch: «Lächerlich einfache Prüfung, das mache ich doch spielend!» Dann sprang er in das Glas und fing an, zu zappeln und zu strampeln. Jedoch nach einer Weile verließen ihn die Kräfte. Er dachte noch: «Wie blöd von mir, nur für ein Weib so eine sinnlose Prüfung auf mich zu nehmen!» Dann versank er und ertrank.

Jetzt blieb nur noch der letzte Frosch übrig. Die Diener holten ihn, und er folgte ihnen bedächtig. Er betrachtete die Leiter, hüpfte schweigend die Sprossen empor, holte tief Luft und sprang in das Sahneglas. Dann begann er, ganz gleichmäßig zu strampeln und die Sahne zu treten. Er dachte an dieses wunderschöne Wesen, das ihm zur Frau bestimmt war, alle seine Gedanken waren ständig bei ihr, und er strampelte bis zur Erschöpfung. Da merkte er, daß die Sahne immer fester wurde, und schließlich hatte er einen Klumpen Butter unter seinen Füßen. So konnte er von der Butterkugel abspringen und ohne Hilfe aus dem Glas kommen. Er war der gefeierte Sieger und wurde der glückliche Bräutigam der schönen grünen Prinzessin.

Schicksal

Moses wollte mit Kidr, dem Führungsengel aller erleuchteten Seelen, über Land gehen. Er bat ihn um Erlaubnis, doch Kidr lehnte ab: «Nein, Moses, lehre du das Gesetz, das dir gegeben wurde. Unsere Wege sind verschieden.»

Nach langem Drängen von Moses willigte Kidr dann doch ein. Moses dürfe mitkommen, aber nur unter einer Bedingung: Er dürfe auf keinen Fall Kidrs Arbeit stören. Er solle schweigen, kein einziges Wort dürfe er reden.

Moses war einverstanden, und sie machten sich auf den Weg. Nach einer Weile kamen sie ans Meer und sahen ein kleines Kind, das von den Wellen fortgerissen wurde und zu ertrinken drohte. Die Mutter rief verzweifelt um Hilfe. Moses wollte zu Hilfe eilen und verlangte von Kidr das gleiche. Kidr sagte nur: «Schweig!» Moses war empört, doch Kidr erinnerte ihn an sein Versprechen, sich nicht in seine Arbeit einzumischen.

Moses klagte: «Du läßt ein kleines, unschuldiges Kind ertrinken, wo du doch helfen könntest.» Kidr erwiderte nur: «Schweig!» Sie gingen weiter und nahmen ein Boot, um zu einem anderen Hafen zu gelangen. Während der Fahrt bohrte Kidr nach und nach Löcher in das Boot. «Oh, wie gemein», sagte Moses. «Jeder, der nach uns mit dem Boot fährt, muß ertrinken.»

Kidr antwortete: «Das macht nichts. Denk an dein Versprechen und schweig.» Doch Moses wollte um jeden Preis wissen, warum Kidr die Löcher in das Boot gebohrt hatte. Er fragte und fragte. So gab ihm Kidr schließlich eine Antwort: «Wäre das Kind, das ertrunken ist, erwachsen geworden, so hätte es viele Familien zerstört. Deshalb hat Gott beschlossen, es vorher von der Erde zu nehmen. Und das Boot, in das ich die Löcher gebohrt habe – auf der Rückfahrt werden dreißig Räuber darin sitzen, die die Absicht haben, ein Dorf zu überfallen. Es ist Gottes Wille, daß sie, bevor sie weiteres unschuldiges Leben vernichten können, selbst ihr Leben lassen müssen.»

Meister und Schüler

Ein Mann ging einmal zu einem berühmten Lehrer und fragte ihn, ob er ihn als Schüler annehmen würde. «Ja, das mache ich gerne. Ich bin sogar sehr glücklich, wenn du mein Schüler wirst», entgegnete der Lehrer.

Der Mann, der sich seiner schlechten Gewohnheiten bewußt war, staunte, daß der Lehrer ihn so ohne weiteres als Schüler akzeptierte. «Kennen Sie alle meine Schwächen?» fragte er ihn. «Ich bin ein leidenschaftlicher Spieler.»

Der Lehrer sagte: «Das macht nichts.»

«Ich bin ein starker Trinker.»

«Das macht nichts», erwiderte der Lehrer.

«Oh, ich habe so viele Fehler», klagte der Mann.

«Das macht nichts», sagte der Lehrer. «Ich habe nur eine Bedingung: Wenn du mein Schüler wirst, so magst du schlechte Angewohnheiten haben, doch nicht in meiner Gegenwart. Das ist das einzige, was ich verlange.» Der Lehrer nahm dem Mann das Versprechen ab und weihte ihn ein.

Der Mann dachte, das ist ziemlich einfach, der Lehrer ist ja nicht immer da. Doch sobald er Lust verspürte, zu spielen oder zu trinken, sah er das Gesicht seines Lehrers innerlich vor sich. Als er nach einiger Zeit seinen Lehrer wieder besuchte, lächelte dieser: «Na, hast du deine Laster noch immer?»

«Nein, die große Schwierigkeit ist die, wann immer ich meinen schlimmen Neigungen nachgeben will, sehe ich dein Antlitz, und das hindert mich daran», war die Antwort des Mannes.

In einer wahren Lehrer-Schüler-Beziehung verinnerlicht der Schüler seinen Lehrer, denn dieser trägt das Bild seines Schülers im Herzen. So sind sie einander stets nah, und der Lehrer inspiriert den Schüler auch aus der Ferne.

Wie sieht es im Himmel aus?

«Oh, Meister, ich möchte so gerne den Himmel schauen», sagte ein Schüler zu seinem Meister.

Der Meister antwortete: «Ja, du kannst durch Meditieren dahin gelangen, ich will dir den Weg zeigen.» Der Schüler tat, wie ihm geheißen, aber der Himmel, den er aus den heiligen Schriften kannte, zeigte sich ihm in seinen Visionen nicht. Weder der versprochene Ort, wo Milch und Honig fließt, noch Marmorhallen und klare Gewässer, noch Blumengirlanden und herrliche Gewänder.

«Hat mir der Meister vielleicht einen falschen Himmel gezeigt? Oder haben die Propheten in den Schriften eine falsche Botschaft verkündet?» Er ging zu seinem Meister zurück: «Nun möchte ich die Hölle sehen.» Der Meister zeigte ihm, wie er meditieren müsse. Der Junge tat es, aber in seiner Meditation erschaute er etwas anderes, als er erwartet hatte: Es gab weder Feuer noch Schlangen, noch Dornen, noch Foltern, noch Kobolde, wie es seit altersher gesagt worden war.

So wußte er nicht, ob seine Visionen richtig oder falsch waren. Er ging wieder zu seinem Meister zurück und erzählte ihm: «Was ich geschaut habe, ist, daß im Himmel die Dinge nicht so sind, wie sie uns verheißen sind, und auch in der Hölle nicht so, wie die Schriften es schildern.»

«Ja», sagte der Meister, «alles, was als Himmel und Hölle versprochen ist, mußt du von hier nach dort mitnehmen. Nichts wird für dich bereitgehalten, du mußt alles mitbringen. Nimmst du Sorgen mit, so wirst du sie auch dort finden, nimmst du Haß mit, so findest du auch ihn dort. Dein Gemüt bringt alle Aufzeichnungen deiner Gedanken mit. Alles, was du im Leben erlebt und gesagt hast, nimmst du mit. Doch du brauchst nicht bis nach dem Tode zu warten, um alles zu erfahren. Wenn du nur nach innen lauschst, so kannst du jetzt schon alles vernehmen.»

Die Stimme Gottes

Ein junger Brahmane war von den Lehren seines Meisters sehr beeindruckt. Dieser hatte ihm gesagt, daß sich Gott in der ganzen Schöpfung versteckt aufhalte, das heißt, daß die ganze Manifestation der Schöpfung die Immanenz Gottes sei und man deshalb niemals Furcht zu haben brauche und niemals Mißtrauen. So fühlte sich der junge Mann in der Welt zu Hause und wohl.

Eines Tages ging er die Straße entlang, als ein wild gewordener Elefant daherkam. Der Elefantentreiber, der vor dem Elefanten herlief, schrie: «Weg da, weg da!» Doch der junge Mann wollte nicht ausweichen. Mit gefalteten Händen stand er ohne Furcht vor dem Elefanten, als stünde er vor seinem Meister oder vor Gott.

Die Folge war, daß der Elefant ihm einen kräftigen Stoß versetzte, so daß er hinfiel und sich verletzte. Er wurde zu seinem Lehrer gebracht, der ihn fragte, was vorgefallen sei. Der junge Mann sagte schmerzerfüllt: «Guruji, du lehrtest mich, daß alles die Immanenz Gottes sei, und in aller Ehrfurcht stand ich mit gefalteten Händen vor dem Elefanten.»

Der Guru fragte ihn: «Hat dich denn niemand gewarnt, daß du aus dem Wege gehen sollst?»

«Doch, der Elefantentreiber», gestand der Schüler.

«Und warum hast du dann mit gefalteten Händen vor dem Mann gestanden und nicht auf ihn gehört? Weißt du nicht, daß Gott auch in der Stimme des Elefantentreibers zu dir gesprochen hat?» fragte ihn der Meister.

Demut

Ein König ging zu einem Murschid mit dem Wunsch, von ihm zu lernen. «Wollt Ihr mich zu Eurem Schüler nehmen? Ich möchte gerne zu Euren demütigen Schülern gehören und nicht weiter auf meinem Thron sitzen.» Der Murschid willigte ein, ihn zur Probe aufzunehmen, und sagte: «Gut, es wird deine erste Aufgabe sein, den Abfall des Hauses zum Müllplatz außerhalb der Stadt zu bringen.»

Nun wußten die anderen Schüler alle, daß der neue Müllsortierer ein König war, der seinem Königreich freiwillig entsagt hatte; er wurde nicht verbannt, er brauchte seinen Thron nicht zu verlassen, er hatte es freiwillig getan. Sie empfanden Mitleid für ihn. Es tat ihnen leid, daß der Meister ihn auf so harte Art prüfte. Im Laufe der Zeit sagten sie alle: «Bitte verlange diese Arbeit nicht länger von ihm, er hat sie schon so lange getan.» Aber die Antwort des Meisters lautete immer wieder: «Er ist noch nicht reif für die Einweihung.»

Als einer der Schüler immer noch nicht überzeugt war, sagte der Meister: «Gut, du kannst ihn auf eine Weise prüfen, die du für gut erachtest.» Als der König nun eines Tages den Korb mit Abfall nahm, trat der Schüler an den Korb und stieß ihn an, so daß der ganze Inhalt auf die Straße fiel. Der König sah ihn an und murrte: «Wäre ich noch König wie einst, hätte ich so an dir gehandelt, wie ein König gehandelt hätte. Aber nun, da ich es nicht mehr bin, darf ich meinen Zorn nicht zeigen.» Damit sammelte er den Abfall wieder zusammen, tat ihn in den Korb zurück und trug ihn fort.

Als dies dem Murschid berichtet wurde, äußerte er: «Sagte ich es euch nicht, er ist noch nicht reif.» Eine Zeitlang später ging wieder einer der Schüler zum Lehrer und bat ihn, so gütig zu sein und dem König eine andere Aufgabe zu geben. Aber der Lehrer entgegnete: «Prüfe ihn wieder.» So mußte der König durch die gleiche Erfahrung gehen. Dieses Mal sagte er kein einziges Wort; er sah den Übeltäter nur für einen Augenblick an, sammelte den Abfall ein und brachte ihn fort.

Doch der Murschid beschied wieder: «Nicht reif, nicht reif.» Nach einer Weile wurde das gleiche ein drittes Mal wiederholt. Dieses Mal schwieg der König nicht nur, sondern er hob den Abfall auf, ohne auch nur ein einziges Mal hochzuschauen. Als der Murschid das hörte, meinte er: «Jetzt ist die Zeit für eine Einweihung gekommen. Jetzt ist er reif.» Nun war echte Bescheidenheit in das Herz des Königs eingezogen.

Der Gast

Moses bat den Gott Israels auf dem Berge Sinai: «O Herr, Du hast mich dadurch ausgezeichnet, daß Du mich zu Deinem Botschafter gemacht hast. Es gäbe keine größere Ehre für mich, als wenn Du in mein bescheidenes Haus kämest und an meinem Tisch das Brot brechen würdest.»

Die Antwort kam: «Moses, mit großem Vergnügen werden Wir zu dir kommen.»

Moses bereitete ein großes Fest und erwartete Gottes Kommen. Da geschah es, daß an das Tor geklopft wurde und ein Bettler draußen stand. Er sagte: «Moses, ich bin krank und schwach. Ich habe seit drei Tagen nicht gegessen und bin dem Tode nahe. Gib mir ein Stück Brot und rette mein Leben.»

Moses, der ungeduldig wartete, sagte zu dem Bettler: «Warte ab, o Mann, du sollst mehr als ein Stück Brot haben. Ich erwarte heute abend einen Gast, und wenn er gegangen ist, sollst du alles bekommen, was übrig ist.»

Der Bettler ging hungrig fort, und die Zeit verrann. Gott kam nicht, und Moses war enttäuscht. Am nächsten Tag ging er wieder auf den Berg und weinte bitterlich: «Mein Herr, ich weiß, daß Du nicht Dein Versprechen brichst. Doch welche Sünde habe ich, Dein Sklave, begangen, daß Du nicht kamst wie versprochen?»

Gott erwiderte: «Wir waren da, Moses, aber leider hast du Uns nicht erkannt. Wer war der Bettler an dem Tor? War es jemand anderes als Wir? Wir sind es, die alle Leben führen und in der Welt und im Himmel zu Hause sind.»

Das Schaf und der Löwe

Durch den Urwald strich ein Löwe. Zu seinem Erstaunen hörte er plötzlich Schafsgeblöke. Er schlich näher, ganz langsam, und sah zu seinem noch größeren Erstaunen zwischen lauter Schafen einen kleinen Löwen, der mit den Schafen spielte. Dieser kleine Löwe war als Neugeborenes von den Schafen aufgezogen worden.

Als die Schafe und der kleine Löwe den großen Löwen erblickten, rannten sie in hellem Entsetzen davon. Der große Löwe sprang mitten in die Herde hinein und rief: «Halt!»

Doch die Schafe und der kleine Löwe rannten um ihr Leben. Der große Löwe packte sich den kleinen Löwen und sprach: «Warte, ich will mit dir reden.»

Das Junge bebte: «Ich zittere. Ich habe Angst. Ich kann dich nicht ertragen.»

Der Große wunderte sich: «Warum rennst du mit den Schafen davon? Du bist doch ein Löwe.»

«Nein», zitterte das Löwenjunge. «Ich bin ein Schaf. Ich habe Angst. Laß mich zu meinen Schafen gehen.»

«Komm mit», knurrte der große Löwe. «Ich zeige dir, daß du ein Löwe bist.» Zitternd und hilflos folgte das Löwenjunge dem Großen zu einem See. Dort ließ ihn der Große in das Wasser schauen. «Schau ins Wasser, sieh mich an und dann schau dich wieder an! Sind wir uns nicht sehr ähnlich? Siehst du wie ein Schaf aus? Du siehst aus wie ich.»

Die Strafe

Im Palast eines Moguls war ein Zimmermädchen ange-
stellt. Eines Tages, als sie das Bett für ihren Herrn herrich-
tete, wurde sie von der Schönheit und dem Luxus, die in
diesem Raum herrschten, geradezu überwältigt. Sie dachte,
wie fein mögen die seidenen Kissen sich anfassen, wie
herrlich spiele doch der kühle Wind am offenen Fenster
mit den Vorhängen. So saß sie da und spürte den Wunsch,
sich in die Kissen zu legen. Schließlich gab sie der Versu-
chung nach.

Unglücklicherweise fiel sie in einen tiefen Schlaf. Der
König und die Königin kamen herein, und der König
tobte: «Welche Unverschämtheit!» Die Königin stimmte
ihm zu, und ein harter Schlag traf die Schulter der Schla-
fenden. Das Mädchen schreckte hoch, schaute von einem
zum anderen und lächelte. «Warum lächelst du?» erstaunte
sich die Königin.

«Oh, es war nur ein Gedanke», erwiderte das Mädchen.
Die Königin bestand darauf, ihn zu hören.

«Ich dachte, wie herrlich dieser Raum ist, wie kühl und
luftig und wie zart die Kissen sind. Da wollte ich nur einmal in meinem Leben fühlen, wie es ist, auf so einem Kissen zu liegen. Ich bin eingeschlafen, dafür habe ich einen
Schlag bekommen. So möchte ich nicht wissen, was Ihr
dafür empfangen werdet, da Ihr seit Jahren schon hier auf
den Kissen geschlafen habt.»

Die Gnade Gottes

Bekümmert über die Ungerechtigkeit des Lebens, die Schwierigkeiten und das schwere Los, das er zu tragen hatte, wandte sich ein frommer Mann an Moses, der auf dem Wege zum Berg Sinai war. Er bat, Moses möge an seiner Stelle folgende Frage an Gott stellen: «Mein Leben lang bin ich gütig und fromm, getreu und gottesfürchtig gewesen. Stets habe ich für jedermann alles getan, was mir recht erschien. Nun wüßte ich gern: Wie sieht mein weiteres Leben aus. Wie wird mein Ende sein? Was hat Gott mit mir vor? Wo wird mein Platz im Himmel sein?»

Moses erwiderte: «Wenn ich vom Berg Sinai zurückkomme, werde ich dir Antwort bringen.» Und der fromme Mann fuhr fort, seine frommen Übungen zu machen.

Als Moses weiterging, traf er auf einen Säufer, der mit einer Weinflasche in der Hand über den Weg torkelte. «Oh, Moses», rief er dem Propheten zu, «wohin wird mich der Allmächtige wohl am Ende meiner Tage schicken, mich elenden Säufer und Sünder, der sich dem Trunke ergeben hat?»

Moses ging auf den Berg, sprach mit Gott und kehrte mit den Antworten zurück. Zu dem frommen Mann sagte er: «Sei getrost, Glücklicher, deine Gebete sind erhört worden, dir werden deine Taten belohnt werden.»

«Wohlan», antwortete der Fromme, «das habe ich mit aller Zuversicht erwartet, denn wie sollte Gott vergessen können, daß ich nur Gutes getan habe.»

Zu dem Säufer sagte Moses: «Du hast dein Leben vertan

und dennoch auf deine Weise das Leben genossen. Für dich ist der schlimmste Platz in der Hölle bestimmt.»

Da ergriff der Mann seine Flasche und begann vor Freude zu tanzen. «Dank, Dank sei dem Herrn», rief er aus, «der sich eines solchen gottlosen Menschen erinnert, wie ich es bin! Es ist mir gleich, wohin er mich schickt, und sei es auch der schrecklichste Ort. Ich habe keinen besseren verdient. Aber daß der Allerhöchste sich meiner erinnert, das macht mich unsagbar glücklich.»

Als die beiden Männer gestorben waren, kamen sie jedoch nicht an die ihnen vorbestimmten Plätze. Darüber war Moses sehr erstaunt, und er fragte Gott, wieso das so geschehen sei. Die Antwort Gottes lautete: «Alle menschlichen Verdienste, alle Frömmigkeit, alle Güte und Geistigkeit reichen auch nicht annähernd an Gottes Gaben heran und können nicht als eigene Verdienste gewertet werden. Gesellt sich aber zu allem auch noch Selbstgefälligkeit, so werden sie vollends wertlos. Alles bisher Verdienstvolle wird so durch einen Augenblick ausgelöscht. Gottes Gaben sind Gnade.»

Der eine Mann wollte sich den Himmel erkaufen. Das ist aber unmöglich. Der andere Mann wurde vor Freude überwältigt, daß sich Gott seiner erinnerte. Diese Freude hob alle Sünden seines Lebens mit einem Schlag auf. Er war zufrieden mit dem, was Gott ihm gab. Nur das ist der Weg, der zu dem All-Einen führt.

Der treue Schüler

Es war einmal ein junger Mann, der sehr an geistigen Dingen interessiert war. Eines Tages kam ein heiliger Mann in das Dorf, der sehr angesehen war. Jedermann ging zu ihm, um ihn zu hören und sich einweihen zu lassen. Alle im Dorf wunderten sich, daß der junge Mann nicht auch kam. Sie erzählten dem berühmten Meister von ihm, und dieser ging schließlich zu dem jungen Mann und besuchte ihn.

«Ich habe gehört, daß du großes Interesse an spirituellen Dingen hast. Weshalb bist du bisher nicht zu meinen Unterrichtsstunden gekommen?»

Der junge Mann erwiderte: «Oh, das ist keine böse Absicht. Ich habe nur einen einzigen Grund: Mein Lehrer, der mich einweihte, hat diese Erde verlassen. Und weil er nur ein begrenzter Mensch war, weiß ich nicht, ob er im Himmel oder an einem anderen Ort ist. Wenn ich jetzt durch deinen Segen in den Himmel komme und treffe meinen Lehrer nicht dort, so wäre ich sehr unglücklich. Himmel ist für mich nicht Himmel, wenn mein Lehrer nicht dort ist.»

Der große Räuber Shivaji

Ein Mann namens Shivaji fristete sein Leben als Räuber. Eines Tages kam ein Weiser vorbei. Shivaji erbat sich seinen Segen, um mehr Erfolg beim Rauben zu haben. Der Weise erkannte an Shivajis Gesicht, seinen Augen und seiner Stimme, daß er ein wahres Juwel vor sich hatte, dessen Ideal nur noch nicht erwacht war.

So fragte der Weise ihn: «Wie viele Männer hast du in deiner Gruppe?»

Shivajis Antwort war: «Keine. Ich arbeite allein.»

«Schade», entgegnete der Weise, «du mußt eine Gruppe aufbauen und sie zusammenhalten.» Der Räuber dankte für den Hinweis und bildete eine Gruppe. So hatte er mehr Erfolg als vorher. Eines Tages traf er wieder den Weisen. «Wieviel Leute hast du jetzt?»

«Fünf Mann», war die Antwort. Der Weise war der Ansicht, das sei noch nicht genug. Er müsse fünfzig oder besser noch hundert Männer haben.

Mit dem Charme seiner Persönlichkeit engagierte Shivaji noch viele Männer. Eines Tages, als der Weise wieder vorbeikam, meinte er zu Shivaji: «Findest du nicht, daß es für einen solchen Helden wie dich schade ist, sein Leben und das seiner Freunde nur für Geld zu riskieren? Wäre es nicht besser, den Mogul, der das Land wiederrechtlich besetzt hält, zu vertreiben?»

Shivaji stimmte dem zu. Er war vorbereitet, er hatte Übung im Kämpfen. Ja, das war etwas Großes. Schon der erste Angriff brachte ihm und seinen Freunden einen Sieg ein. Noch zwei weitere Angriffe, und er war Herr des Landes. Da ging er zu dem Weisen, um ihm zu danken. «Ja», sagte dieser, «sei dankbar, aber nicht zufrieden. Du hast noch nicht genug getan. Jetzt mußt du für die Menschen deines Landes viel erreichen.»

In der indischen Geschichte erzählt man sich, daß Shivaji den Wunsch hatte, ganz Indien zu besitzen, was ihm auch gelang. Er wurde ein vorzüglicher König und ein erleuchteter Held, an den sich ganz Indien heute noch erinnert.

Der Fisch und das Meer

Es war einmal ein kleiner Fisch, der sehr neugierig war. Er wollte alles wissen und fragte jeden Fisch, der ihm begegnete, was das Leben sei, was Schiffe seien und vieles mehr, wovon er schon gehört hatte und was er nicht verstand.

Ein großes Geheimnis war für ihn «das Meer». Keiner konnte ihm sagen, was das sei. Es mußte etwas sehr Geheimnisvolles sein, etwas, was man nicht sehen konnte und was doch für Fische lebensnotwendig war. Was konnte das nur sein? Schließlich faßte er sich ein Herz und schwamm zur Königin. Man flüsterte sich zu, die Königin sei allwissend. Und die Frage war für ihn so wichtig, daß er endlich die richtige Antwort haben wollte. Er fragte also die Königin: «Ich habe schon so viel über das Meer gehört, aber was ist das Meer?»

Die Königin lächelte gütig und erklärte ihm: «Du lebst, bewegst dich und bist im Meer. Das Meer fließt durch dich hindurch, es ist um dich herum. Du bist aus dem Meer entstanden, und du wirst einmal wieder Meer. Das Meer, das dich umgibt, ist dein Ursprung, dein Ziel und dein Wesen.»

Der Soldat und der Derwisch

In einem fernen Lande lebte ein mächtiger König. Er herrschte mit Intelligenz und Strenge. Seine Untertanen verehrten ihn, doch im Grunde war der König sehr einsam. Er besaß einen starken Willen, und den setzte er mit Gewalt durch. Natürlich tat er in seinem Eifer seinen Mitmenschen manches Unrecht an, und wer läßt sich schon gerne ungerecht behandeln?

Im Nachbarland lebte ein alter Weiser. Viele Menschen holten sich bei ihm Rat. Sie waren manchmal tagelang auf staubigen Landstraßen unterwegs. Des Nachts wurde es sehr kalt, sie schliefen auf offenem Feld, um in der Frühe weiterzuziehen. So pilgerten viele zu dem alten Mann, manche auch nur, um sich segnen zu lassen. Kehrten diese Menschen zurück in ihre Heimatdörfer, so erzählten sie von dem ehrwürdigen Alten und seinen Wundertaten.

Ein König wäre ein schlechter König, wenn er nicht auch neugierig wäre und sich um alles kümmern würde, was um ihn herum vorging. So blieb es nicht aus, daß er immer öfter und immer mehr von dem weisen, alten Mann erzählen hörte. Es ärgerte ihn unsagbar, daß seine Untertanen, anstatt zu ihm um Rat zu kommen – wo er doch alles zu wissen glaubte –, lieber zu dem Alten gingen. Er war es leid, irgendwo jemanden zu wissen, der von seinen Leuten höher geschätzt wurde als er selbst.

Er überlegte nicht mehr lange und rief einen seiner besten Krieger zu sich. «Höre, Soldat», sprach der König ihn an, «im Nachbarland gibt es irgendwo einen albernen alten

Mann, von dem alle Leute schwärmen. Es reicht mir jetzt. Bringe mir den Kopf dieses Mannes, und das halbe Königreich gehört dir.» Der Soldat war begeistert. Das halbe Königreich! Das war gewiß nicht wenig. Wenn es weiter nichts war, als das bißchen Kopfabschlagen. Er war Töten gewöhnt. Er akzeptierte das Angebot des Königs, besorgte sich Brot und Käse und zog Bauernkleider an. Als Soldat wollte er nicht erkannt werden, und da er in ein fremdes Land kam, durfte er auf keinen Fall auffallen.

Er brach sofort auf. Viele Tage und Nächte war er unterwegs, bis er die fremde Grenze überschritten hatte. Jetzt war er müde, sehr müde und ratlos. Wo sollte er nun hingehen? Er wußte ja nicht einmal, wo der Weise wohnte. Zu fragen getraute er sich nicht, denn er wollte den Alten doch töten. Er setzte sich an den Wegesrand. Die Sonne ging langsam unter. Der Himmel färbte sich zartrosa, die weiten Felder glänzten in der Abendsonne.

«Gott sei mit dir, mein Junge. Du siehst müde aus», hörte er plötzlich eine Stimme hinter seinem Rücken. Er drehte sich um und sah einen alten Bauern, der ihn gütig anblickte. Er trug einen dunkelbraunen Umhang, und seine weißen Haare und sein weißer Bart leuchteten, als wären sie voller Licht. Ja, der Soldat war sehr müde. «Willst du mit mir kommen?» fragte ihn der Alte. «Du bist fremd hier, nicht wahr?» Der müde Soldat nickte dankbar, stand auf und folgte dem weißhaarigen Alten.

Sie gingen eine Weile, bis sie vor die Stadt in den Wald gelangten und machten schließlich vor einer kleinen Hütte halt. «Komm herein», lud ihn der Alte ein. «Ich gebe dir einen Strohsack, auf dem du dich ausruhen kannst, und etwas zu essen mache ich dir auch.» Der Soldat war so dankbar, weil der Alte ihm, dem Müden und Erschöpften, soviel Freundlichkeit erwies.

Am nächsten Morgen stand der Alte früh auf. Er ging vor das Haus und wusch sich. Dann betete er und begrüßte die Sonne. Später bereitete er seinem Gast ein Frühstück aus Früchten, Brot und Milch.

Nach dem Essen zeigte er ihm seinen Garten, in dem viele Kräuter wuchsen. Zu jedem Kraut erzählte der Mann eine Geschichte. Er erklärte, wozu es gut und heilsam sei, wann man es am besten pflücke und vieles mehr. Einige Tage gingen so dahin. Eines Abends saßen die beiden auf der Bank vor der Hütte. Die Sonne leuchtete schon rötlich über den Wolken. Da fragte der alte Mann: «Sag, lieber Freund, was suchst du als Fremder in unserem Land? Vielleicht kann ich dir behilflich sein?»

Der Soldat, der von dem Wesen des Alten sehr angetan war, dankte: «Ach, Alter, du hast wirklich alles für mich getan. Kein Mensch ist im Leben je so gut und freundlich zu mir gewesen wie du. Weißt du, ich komme von meinem König aus dem Nachbarland und soll ihm den Kopf eines berühmten Weisen bringen, dann schenkt er mir sein halbes Königreich.»

Der Alte sagte nichts, stand auf und ging in die Hütte. Nach einigen Minuten kehrte er zurück mit einem Schwert in der Hand. «Wenn es weiter nichts ist. Nichts leichter als das: Hier ist ein Schwert, der Weise bin ich. Hier, schlage meinen Kopf ab!» Er reichte dem Soldaten das Schwert. Doch dieser wurde blaß, fiel auf seine Knie und begann zu weinen. «Nein», schluchzte er, «und wenn du mir alle Schätze der Welt geben würdest, ich kann dir kein Leid antun. Ich kann überhaupt nicht mehr töten.

Bitte nimm mich als deinen Schüler an, und lehre mich, gut zu sein und das Leben zu schützen.»

Der Alte legte das Schwert beiseite, segnete ihn und sprach: «Ich nehme dich als meinen lieben Schüler an. Dein Name sei Wakil. Das bedeutet ‹der, der das Leben schützt›.» Sie taten den Mitmenschen viel Gutes und lobten Gott bei Tag und Nacht.

Liebe verwandelt

Ein Hütejunge namens Ali kam zu einem spirituellen Meister, um von ihm die Meditation zu erlernen. Der Meister gab ihm die Aufgabe, an das Wesen zu denken, das er am meisten liebe, und zwar ohne Unterlaß. Der arme Hütejunge hatte jedoch keinen Menschen, den er liebte oder der ihn liebte. Doch ihm fiel seine Kuh ein, die er sehr gern hatte. «Ja», sagte der Meister, «wenn du deine Kuh liebst, dann denk an die. Denke daran, wie sie sich fühlt und was ihre Wünsche sind.»

Ali ging zu seiner Kuh in den winzigen Stall und konzentrierte sich mit aller Hingabe auf sie. Nach vielen Tagen fragte der Meister die anderen Schüler, wo denn Ali sei. Keiner wußte es. Da fiel dem Meister ein, Ali sei vielleicht noch in dem kleinen Stall. Er ging dorthin und rief: «Ali.»

«Muh», kam die Antwort von drinnen.

«Ali, komm heraus», rief der Meister.

«Muh, Meister, ich kann nicht. Meine Hörner sind so groß, daß sie nicht durch die Tür passen», hörte man Alis Stimme aus dem Stall.

«Ja», sagte der Meister, «man wird zu dem, was man aufrichtig liebt.» Dann öffnete er die Tür und holte Ali heraus.

Das Hemd des Glücklichen

Es lebte einmal ein König, der war sehr unglücklich. Seine Ärzte wußten schließlich keinen Rat mehr, wie sie ihm helfen sollten. So schickte der König nach einem weisen alten Mann, der in einer Höhle in den Bergen lebte.

Dieser wollte zuerst nicht kommen, doch als die Boten ihm erklärten, wie dringend es sei, entschloß er sich, doch zum König zu gehen. Er untersuchte den König und sagte dann: «Es gibt nur eines, was dich wieder gesund und glücklich machen kann: Du mußt das Hemd eines Glücklichen tragen. Finde jemanden in deinem Königreich, der wirklich glücklich ist, bitte ihn um sein Hemd, und ziehe es an.»

So schickte der König seine Boten aus, daß sie ihm das Hemd eines Glücklichen brächten. Zuerst fragten die Boten bei Hofe herum. Doch alle Minister und großen Männer machten sich viele Sorgen: wie sie ihre Stellung halten könnten, wie sie ihr Geld sichern sollten und um vieles mehr.

Nun suchten die Boten die Wissenschaftler und Gelehrten auf, doch auch diese hatten sorgenzerfurchte Gesichter. Sie waren neuen Entdeckungen auf der Spur und hatten Angst, ein anderer würde vor ihnen diese sensationellen Erkenntnisse veröffentlichen.

Die Boten gingen schließlich zu den Bauern in die Dörfer und fragten diese, ob sie glücklich seien. Doch auch die Antwort der Bauern war enttäuschend. Nein, hieß es, wir haben zu wenig Land, das Wetter ist nicht gut, die Ernte macht uns Sorgen, die Steuern sind zu hoch, und woher sollen wir das Geld nehmen, um sie zu bezahlen?

Die königlichen Boten waren ratlos; wie sollten sie ihrem König noch helfen? Sie gingen langsam durch den Wald, da vernahmen sie auf einmal ein wunderschönes Singen. Als sie näher kamen, hörten sie es deutlich: Es war ein Loblied zu Ehren Gottes. Sie sahen eine kleine Hütte und traten ein. In der Hütte saß ein Mann und sang. Er strahlte vor Freude, und die ganze Hütte war erfüllt von seiner Freude. Die Boten warteten, bis er sein Lied beendet hatte, und fragten ihn dann, ob er glücklich sei.

«Allah hu Akbar − Gott ist groß. Ja, ich bin glücklich», bestätigte der Mann.

«Ach, bitte, könntest du uns dein Hemd geben für unseren traurigen König?» fragten die Boten ihn. Doch der Mann lachte. «Ich bin glücklich, doch ein Hemd kann ich euch nicht geben. Ich habe nur dieses Stück Stoff, das ich um meine Lenden gewickelt habe. Alles, was ich habe, ist Gott!»

So gingen die Boten unverrichteter Dinge zu ihrem König zurück und erzählten ihm von diesem Mann. Der König machte sich sofort auf den Weg und besuchte den Glücklichen in seiner Hütte. Er war so begeistert von den Liedern des Glücklichen, daß er bei ihm in der Hütte blieb, alle seine Lieder lernte und mit ihm sang. Nach langer Zeit hatte sich der traurige König in einen glücklichen Menschen verwandelt, und er konnte auch andere an seinem Glück teilhaben lassen.

Lord Buddha

Lord Buddha wanderte durch das Land, um den Menschen den Pfad der Befreiung zu zeigen. So kam er auch in eine Stadt, wo er einer Frau begegnete, die tief betrübt war. Ihr Sohn war gerade gestorben, und sie rannte von einem Haus zum anderen, um jemanden zu finden, der ihn wieder lebendig machen könnte. Doch alle sagten ihr, daß das nicht möglich sei. Ihr Sohn sei nun einmal gestorben, und es gebe keine Chance mehr für ihn. Doch sie konnte es nicht glauben. So ging sie zu Buddha und erhoffte von ihm Hilfe.

Buddha sagte, er werde ihren Sohn wieder zum Leben zurückbringen, doch zuvor solle sie ihm eine Handvoll Sesamsamen aus einem Haus bringen, in dem noch nie jemand gestorben sei. Die Frau war einverstanden und ging von Haus zu Haus, um die Bedingung zu erfüllen. Doch sobald sie von ihrem Anliegen erzählte, sagte man ihr jedesmal, daß in diesem Haus schon einige Menschen gestorben seien. Sie versuchte es in der ganzen Stadt, doch es gab kein Haus, in dem nicht schon wenigstens ein Mensch gestorben war. Schließlich erkannte sie, daß jeder Mensch geboren wird, um früher oder später diese Welt wieder zu verlassen. Sie wurde allmählich ruhiger und gab schließlich ihren Gram auf. Dann kam sie zurück zu Lord Buddha und nahm seine Lehre an.

Imitation

Draußen vor der Stadt am Rande des Waldes lebte ein Meister mit seinem Schüler. Viele Tiere kamen in ihre Hütte. Am meisten wurden sie von den Ratten belästigt, die jede Nacht in die Hütte eindrangen. Da kam der Meister auf die Idee, eine Katze in die Hütte zu holen. Sie war eine gute Rattenfängerin, und bald hatte die Rattenplage ein Ende.

Jeden Morgen, wenn der Meister meditierte, legte sich die Katze auf seine Knie und schnurrte laut. Das störte den Meister. So legte er der Katze eine Schnur um die Pfote und band sie an einem Stuhlbein fest, damit sie während der Meditation nicht zu ihm konnte. Die Zeit ging dahin, und der Meister und die Katze wurden alt und starben.

Der Schüler trat das Erbe des Meisters an. Er war nun der alleinige Besitzer der Hütte. Er machte, wie all die Jahre, weiterhin am Morgen seine Meditation. Doch während er meditierte, merkte er, daß ihm eine Katze fehlte, die er an eine Schnur binden konnte. Er ging in die Stadt und bat die Leute, ihm eine Katze zu schenken.

Glücklich kam er mit ihr in die Hütte. Nun konnte er jeden Morgen die Katze an das Band legen, am Stuhl festbinden und meditieren, so, wie es sein Lehrer getan hatte. Er war der Meinung, daß das Anbinden der Katze ihm Erfolg in der Meditation bringe. Einige Schüler, die ihn beobachtet hatten, machten ihrerseits genau dasselbe, ohne zu verstehen warum.

Nachahmung ist nicht der rechte Weg. Jeder muß sich auf dem geistigen Weg seinen Anlagen und seinem Temperament entsprechend verhalten.

König Chandra

Eines Tages trafen sich wieder einmal alle Derwische in Delhi, der Hauptstadt Indiens. Sie unterhielten sich darüber, ob es irgendwo auf der Welt noch ein menschliches Wesen gebe, das wirklich zuverlässig sei. Die Antwort war: Es gibt diesen Menschen. Sein Name ist König Chandra. Ein Derwisch meinte: «Ja gut, König Chandra. Er besitzt alles, was sein Herz begehrt: ein großes Königreich, treue Anhänger, eine gute, liebevolle Frau und einen vielversprechenden Sohn. Wie können wir feststellen, ob er wirklich zuverlässig ist?»

Die Derwische beschlossen, König Chandra zu prüfen. In Begleitung eines anderen Weisen ging einer der Derwische zum König und fragte ihn: «König, würdest du mir jeden Wunsch erfüllen?» Und König Chandra, der dem Derwisch sehr ergeben war, erwiderte: «Ja, ich erfülle dir jeden Wunsch.» Der Derwisch darauf: «König Chandra, ich will König sein und über dein Land herrschen.»

Der König ging zu seiner Frau und erklärte ihr: «Komm mit mir, ich bin nicht mehr länger König. Ich habe dem Derwisch einen Wunsch erfüllt.» Er erzählte ihr alles, und sie nahmen ihren kleinen Sohn und gingen zu Fuß in Richtung Nachbarland. Doch als sie an die Grenze kamen, erschien der Derwisch und sprach: «Ihr seid viele Tage durch mein Land gereist, ihr müßt mir dafür noch die Steuern zahlen, die ihr mir schuldet.»

Chandra zeigte seine leeren Taschen: «Ich habe nichts, womit ich bezahlen könnte.»

Der Derwisch war damit jedoch nicht einverstanden. «Chandra, du hast mir erlaubt, daß ich jetzt König über dein Land bin. So mußt du mir auch die schuldigen Steuern zahlen.»

Chandra verkaufte seine Frau und seinen kleinen Sohn als Sklaven, um das Geld für die Steuern aufzubringen. Er selbst verdingte sich als Diener bei einem Leichenverbrenner in Benares. Nachdem er eine Weile diese Arbeit verrichtet hatte, wurde sein kleiner Sohn krank und starb. Seine Frau kam mit dem kleinen toten Jungen, damit er ihn verbrenne. Chandra streckte seine Hand aus, um das Geld für die Verbrennung entgegenzunehmen. Doch was kann eine arme Sklavin schon geben? Sie hatte nichts. Chandra aber durfte als Diener seines Herrn nichts ohne Geld machen. So verweigerte er die Verbrennung.

In diesem Augenblick erschien der Derwisch und machte den Prüfungen ein Ende. Er rief den kleinen Sohn ins Leben zurück und gab Chandra sein Königreich wieder. Alle Derwische halfen dem König mit ihren guten Gedanken und Gebeten, Segen und Glück für sein Land zu erlangen.

Die Perle

In Indien erzählt man sich die Geschichte von der schönen Prinzessin und Hakim. Viele Verehrer wollten die Prinzessin heiraten. Doch sie hatte eine Bedingung gestellt: Derjenige, der sie heiraten wolle, müsse ihr eine bestimmte Perle, die sie sich so sehr wünsche, bringen. Diese Perle war in einem fremden Land versteckt und nur unter großen Schwierigkeiten zu finden.

Es gab einen Mann, der die Prinzessin mehr liebte als sein Leben. Doch er wußte nicht, wo er die Perle finden könne. Er hatte jedoch Hakim zum Freund. Und Hakim hatte es sich zur Lebensaufgabe gemacht, allen zu helfen, die Hilfe benötigten.

Bei seinen Reisen von Land zu Land traf er seinen Freund, den unglücklich Liebenden. Hakim tröstete ihn: «Liebe du weiter in Treue die Prinzessin. Ich werde nicht eher ruhen, bis ich die Perle entdeckt habe.» Er fand die Perle und brachte sie der Prinzessin, die so begeistert war, daß sie Hakim sofort heiraten wollte.

Doch Hakim erzählte ihr von dem Versprechen, das er seinem Freund gegeben hatte, und von dessen tiefer Liebe zu ihr. Er, Hakim, sei dagegen ein Liebender ohne Bedürfnisse.

Die Bedeutung dieser Geschichte ist folgende: Die Prinzessin repräsentiert Gott, und die Perle symbolisiert das Wissen von Gott. Der Liebende ist ein Verehrer Gottes, der aber nicht die Mühe auf sich nehmen will, sich das göttliche Wissen anzueignen. Hakim jedoch war dazu bereit, wenn auch nicht für sich, so doch für andere, dieses Wissen zu erlangen und weiterzugeben. Der erste Verehrer lebte für sein Wohl, der zweite war schon auf einer höheren Stufe der Einsicht. Er lebte für andere und brachte ihnen den Segen, den sie benötigten.

Alles geschieht nur zum Besten

In Indien, in der Gegend von Delhi, geschah einmal Folgendes: Ein armer Mann, der Gott sehr ergeben war, besaß eine kleine Hütte am Waldesrand. Dort lebte er mit seiner Frau und einer Kuh, die ihnen sehr wertvoll war. Alles, was sie auf dem Markt verkaufen wollten, trug die Kuh ihnen in die Stadt. Dann gab es in der Hütte noch einen Hund, der auf alles aufpaßte, und einen Papagei, der sie jeden Morgen mit den Worten weckte: «Erwacht, erwacht und betet zu Gott!»

Wie es so geschieht, kam eines Tages ein Löwe aus dem Dschungel und tötete die einzige Kuh des armen Mannes. Der Hund, der vor dem Löwen furchtbare Angst hatte, floh in die Hütte und versteckte sich. Als der arme Mann am Morgen aufstand, sah er den toten Körper seiner Kuh dort liegen. «Es ist gut, Gott läßt alle Dinge zum Besten geschehen. Sein Wille ist nur zu unserem Besten», sprach er. Seine Frau hörte die Worte und war sehr verärgert, doch sie sagte nichts.

Etwas später am Tag bemerkte der Papagei, daß sein Käfig offenstand. Er hüpfte hinaus, der Hund fing ihn und biß ihn tot. «Es ist gut, es geschieht nur zu unserem Besten», sagte der Mann. Als die Frau diese Worte hörte, schlug sie sich an den Kopf und war völlig fassungslos. Kurze Zeit später kamen die Nachbarn und berichteten ihr, daß ihr Hund auf der Straße im Sterben liege. Er starb, und der Hausherr sagte wieder: «Alles ist gut. Was immer Gottes Wille ist, es geschieht nur zu unserem Besten.»

Seine Frau hatte sich kaum noch unter Kontrolle vor Ärger: «Warum redest du so sinnlose Worte? Was soll das Gefasel? Die Kuh gab uns Nahrung und half uns, unsere Lasten zu tragen. Der Hund bewachte uns, und der Papagei hat uns jeden Morgen aufgeweckt. Nun sind alle tot. Warte nur, diese Nacht wird man uns auch noch holen und umbringen.»

«Das, was geschieht, geschieht. Man kann es nicht ändern», erwiderte der Mann gelassen und ruhig. Er ließ sich durch seine Frau nicht aus der Fassung bringen. So gingen sie am Abend beide schlafen. Sie schliefen fest und tief. Als sie am nächsten Morgen erwachten und aus der Hütte traten, sahen sie die Bewohner des Dorfes tot auf der Straße liegen. In der Nacht hatte eine Bande von Räubern das Dorf überfallen und alle Bewohner ermordet.

Die Hütte des armen Mannes am Rande des Dschungels war ohne Hund. So hielten die Räuber sie für unbewohnt und ließen sie unberührt. Auf diese Weise hatte Gott das Paar gerettet. Der Mann erklärte seiner Frau: «Siehst du, hätte der Hund noch gelebt, hätte er die Räuber auf uns aufmerksam gemacht. Auch die Kuh wäre ihnen aufgefallen. Selbst der Papagei hätte uns mit seinem Geschrei verraten können. Gott in Seiner Güte hat alles so gerichtet, daß wir verschont blieben. Kannst du jetzt noch am Sinn des Geschehenen und an Seiner Weisheit zweifeln?»

Der neugierige Djinn

Ein mächtiger Djinn wollte sich die Zeit vertreiben. Er langweilte sich, und so stellte er sich eine besonders komplizierte Aufgabe. Er sprach zu sich: «Sei ein Fels!» Sofort verwandelte er sich in einen Felsen. Er war nun ein großer, mächtiger Felsen, und konnte sich nicht mehr bewegen, war festgewachsen auf der Erde. Seine Freiheit hatte er verloren, und er fühlte sich sehr einsam.

Das war eine furchtbare Gefangenschaft für den Djinn. Viele, viele Jahre mußte er geduldig ausharren, bis er sich verändern konnte. Das Leben konnte er in dieser Zeit nur unendlich langsam wahrnehmen. In Jahrtausenden zerfiel der Fels allmählich und wurde zu Erde. Als der Djinn aus dieser Erde als Pflanze ans Licht kam, war er entzückt, sich als Baum zu entdecken. «Aus dem Stein wurde ich zur Pflanze, damit ich die Luft in tiefen Zügen genießen kann und mich im Winde wiegen darf», dachte der Djinn.

Er streckte sich der Sonne entgegen und genoß den Regen, wenn dieser seine Blätter benetzte. Er freute sich, daß er Blüten und Blätter hervorbrachte, aber immer noch blieb eine innere Sehnsucht. Er hoffte, eines Tages nicht mehr an einem bestimmten Platz verwurzelt zu sein. Er wollte sich frei bewegen. Sehr lange wartete der Djinn, erfuhr viel, hörte das Singen der Vögel, erlebte Sommer und Winter, doch er blieb immer noch ein Baum.

Nach einer Weile zerfiel eine Frucht seines Baumes und verwandelte sich in einen kleinen Wurm. Der Djinn war begeistert. «Ich kann mich frei bewegen!» rief er aus. Nach

einiger Zeit wuchsen dem Wurm Flügel, und er konnte auf einmal fliegen. «Oh, ich bin eine Fliege geworden», wunderte sich der Djinn. Er verwandelte sich von der Fliege zum Vogel, er wuchs und wuchs und entwickelte sich schließlich zu einem Säugetier. Am Ende der ganzen Verwandlungen war der Djinn zum Menschen geworden.

«Ja, das ist es, wozu ich bestimmt bin. Jetzt kann ich die verschiedenen Körper sehen, die ich angenommen hatte, um größer, klüger und empfindungsvoller zu werden.» Nach einer Weile war er wieder unzufrieden und dachte: «Nein, das ist auch noch nicht das Wahre. Denn wenn ich fliegen will, so habe ich keine Flügel, und ich möchte fliegen. Ich bin auch nicht so stark wie ein Löwe und möchte es doch sein. Ich weiß, ich gehöre in den Himmel, doch dorthin kann ich nicht.» Er dachte viel nach und fand schließlich heraus: «Ich war immer der gleiche Djinn, im Stein, in der Pflanze, im Vogel und im Tier. Dennoch konnte ich nicht erkennen, wer ich war. Auch als Mensch bleibe ich begrenzt. Ich bin nicht frei und habe nicht das wahre Leben mit allen Möglichkeiten.»

Dieser Gedanke führte ihn in sein wahres Reich und in das Leben eines Djinns zurück. Hoheitsvoll und königlich kam er dort an und erkannte: «Ich habe alles in allem genossen und erlebt, wenn auch unter Leiden. Ich habe das Sein kennengelernt. Ich bin zu dem geworden, was ich bin.»

Der Sadhu

In Indien lebte ein Sadhu, der sehr groß und stark war. Bevor er Sadhu geworden war, hatte er den Beruf eines Polizisten ausgeübt. Jetzt pflegte er nur mit einem Lendenschurz bekleidet umherzugehen. Er bettelte sich sein Essen jeden Tag zusammen.

Einmal, als er wieder betteln ging, sah ein Hausbesitzer zur Tür hinaus und fragte ihn, warum er nicht sein Brot mit Arbeit verdiene, anstatt betteln zu gehen. Er bot dem Sadhu an, er bekäme zu essen, wenn er das ganze Holz hinter dem Haus hacken und ordnen würde.

Ohne ein Wort zu sagen, hackte der Sadhu das ganze Holz. In kurzer Zeit war auch alles geordnet und der Platz wieder gesäubert. Dann ging der Sadhu davon. Der Besitzer des Holzes rannte hinter ihm her und fragte ihn, ob er nicht sein Essen wolle. Doch der Sadhu erwiderte: «Wo ich arbeite, dort esse ich nicht, und wo ich esse, dort arbeite ich nicht.»

Das bedeutet, daß ein Sadhu nur eine in Liebe gegebene Spende annimmt.

Die Bedeutung einer Pilgerreise

In Indien lebte dereinst der große Heilige Tukaram. In seinem Dorf rüsteten sich einmal einige Männer zu einer langen Pilgerreise, und sie fragten ihn, ob er mitkommen wolle. Tukaram gab zu verstehen, daß es ihm unmöglich sei, sie zu begleiten. Doch bat er die Männer, für ihn einen Topf bitteren Joghurt zu allen heiligen Stätten mitzunehmen, zu denen sie gingen. Die Männer verstanden zwar nicht, wozu das gut sein sollte, erklärten sich jedoch einverstanden. Der Topf wurde zu allen heiligen Waschungen, zu den Tempeln und zu allen heiligen Männern mitgenommen.

Nach einigen Wochen kehrten die Männer von der Pilgerreise zurück und überbrachten Tukaram seinen Topf mit dem bitteren Joghurt. Tukaram war sehr froh und lud alle zu einem Festmahl ein, um die erfolgreiche Pilgerreise zu feiern. Er machte eine besondere Speise aus dem Bitterjoghurt, und alle begannen zu essen. Als sie das Mahl kosteten, bemerkten sie, daß es bitter war. Sie wollten von Tukaram wissen, warum er ihnen ein solches Essen vorsetze. Tukaram zeigte sich zutiefst überrascht und fragte sie, wie es denn immer noch bitter sein könne, denn es wäre doch ein Joghurt, der die Pilgerreise gemacht hätte. Vorher sei er zweifellos bitter gewesen, doch wundere er sich, wieso er auf der Pilgerreise nicht seine Bitterkeit verloren habe.

Hund und Mensch

Zu seinem Vergnügen ließ ein Mann einen Raum seines Hauses völlig mit Spiegeln auskleiden. Die Wände, die Decke, der Boden – überall wurden Spiegel angebracht. Als alles fertig war, schloß er die Tür, machte ein Licht an und stellte sich in die Mitte des Raumes. Er sah sich in unzähligen Formen widergespiegelt, oben, unten und an allen Seiten. Er begeisterte sich daran, denn er war eitel und liebte sein Spiegelbild. Nachdem er sich eine Weile auf diese Weise vergnügt hatte, verließ er den Raum, vergaß aber, die Türe zu schließen.

Sein Hund lief in den Raum, und bald entdeckte er sein eigenes Bild überall gespiegelt. Der Hund begann zu bellen, er sprang umher und kämpfte mit den Spiegelbildern, denn er hielt sie für fremde Hunde. Er kämpfte bis zur totalen Erschöpfung und fiel schließlich tot um.

So kämpft der Mensch mit seinen Mitmenschen, weil er glaubt, sie seien etwas anderes, Getrenntes von ihm. Würde er doch erkennen, daß alle Wesen nur Erscheinungen seines eigenen Selbst sind, anstatt mit ihnen zu kämpfen, würde er sie alle lieben.

Der Mann und der Teufel

Es war einmal ein Mann, der wünschte sich, daß ihm der Teufel zu Diensten sein möge. Er machte bestimmte Rituale, sprach Beschwörungsformeln, und schließlich erschien der Teufel wirklich vor ihm. Er erklärte dem Mann, daß er ihm gerne dienen wolle, nur eine Bedingung müsse dieser erfüllen: «Wenn du mir einmal keine Arbeit gibst, wenn du mich untätig läßt, dann hole ich dich und fresse dich. Du mußt mich vierundzwanzig Stunden unablässig beschäftigen.»

Der Mann war einverstanden. Unverzüglich gab er dem Teufel die Aufgabe, ihm einen herrlichen Palast zu bauen. Zu seinem großen Erstaunen stand der Palast in kürzester Zeit da. Danach gab er dem Teufel den Befehl, eine sehr lange Straße zu bauen. Auch diese Aufgabe war im Nu erledigt. Der Teufel erschien sofort wieder, um neue Arbeit zu bekommen. Der Mann hatte kaum Zeit zum Nachdenken.

In seiner Angst gab er dem Teufel den Auftrag, eine ganze Stadt zu errichten. Doch in weniger als zehn Minuten stand die Stadt fix und fertig da. Der Teufel wartete erneut auf Arbeit. Der Mann war verstört und bekam große Angst, daß der Teufel ihn jetzt fressen werde.

So rannte er in seiner Not zu einem heiligen Mann und holte sich bei ihm Rat, was er machen solle. Der Heilige riet ihm, den Teufel einen Bambushain anpflanzen zu lassen. Dann solle der Teufel die Bambusrohre auf und ab klettern, bis er neue Aufträge erhielte. Der Mann ging zufrieden und erleuchtet nach Hause und gab dem Teufel diese Aufgabe. Das hatte zur Folge, daß der Teufel keine Ruhe mehr bekam, sich total erschöpfte und schließlich davonrannte.

Der Sohn des Murschids

Ein berühmter Murschid, so werden geistige Lehrer in Indien genannt, hatte viele Schüler, die ihn sehr verehrten. Er war nicht nur selbst ein großer Lehrer, sondern hatte auch viele gute Lehrer ausgebildet. In jedem Dorf und in jeder Stadt gab es ehemalige Schüler von ihm, die jetzt selbst Lehrer waren. Der Murschid hatte auch einen Sohn, und natürlich wurde dem Sohn eines so berühmten Mannes viel Aufmerksamkeit entgegengebracht.

Eines Nachts nun träumte der Sohn, daß ein großes Treffen aller Heiligen und Meister stattfände. Er ging mit seinem Vater dorthin, doch nur dieser wurde zu dem Treffen zugelassen. Ihm selbst wurde der Zutritt verboten. Das war eine harte Demütigung für ihn.

Am nächsten Morgen erzählte er seinem Vater den Traum. Sein Vater sagte: «Dieser Traum ist eine Botschaft für dich. Es genügt nicht, mein Sohn zu sein, um den spirituellen Pfad zu gehen. Du mußt jemandes Schüler werden, um zu lernen, was Jüngerschaft bedeutet.»

Aber der Sohn dachte bei sich: «Ich bin der Sohn eines großen Lehrers. Von Kindheit an habe ich viele wichtige Dinge von ihm gelernt. Ich habe sozusagen das Wissen meines Vaters geerbt. Wie groß auch andere Lehrer sein mögen, mein Vater ist der Größte. Wessen Schüler sollte ich wohl werden?»

Doch der Vater meinte: «Nein, ich kann dir nicht viel nützen. Es muß ein anderer Mensch sein, der für diesen Zweck geeignet ist. Jener Schüler von mir, der Bauer war

und jetzt unter Bauern lehrt, zu dem gehe und laß dich einweihen.»

Der Sohn war erstaunt, denn er wußte, daß dieser Lehrer nicht sehr gebildet war, ja, daß er nicht einmal lesen
und schreiben konnte. Er hatte auch kein besonderes An-
sehen und lebte in überaus bescheidenen Verhältnissen.
Ausgerechnet zu dem schickte ihn sein Vater. So begab er
sich etwas unwillig in das Dorf, in dem der Bauer wohnte.

Es fügte sich, daß der Bauer gerade mit seinem Pferd unterwegs war und dem jungen Mann begegnete. Als er näher kam, sah er, daß der junge Mann sich vor ihm verneigte. Der Lehrer sagte nur: «Nicht genug!» Da beugte
sich der junge Mann bis zu seinen Knien. Doch der Lehrer
sprach: «Nicht genug!» Da beugte sich der junge Mann bis
zu den Hufen des Pferdes. Darauf meinte der Lehrer: «Du
kannst nun umkehren, du hast deine Schulung erhalten.»

Er hatte gelernt, was er zu lernen hatte; so kehrte er nach
Hause zurück und wurde in den Kreis der Mystiker und
geistigen Lehrer aufgenommen.

Der Sadhu und der Ungeduldige

Ein Sadhu kam auf seiner Wanderung in eine kleine Stadt und beschloß, dort für einige Wochen in einem kleinen Tempel zu verweilen. Er blieb fast die ganze Zeit im Tempel und ging nur selten aus. Der Tempeldiener erkannte die Heiligkeit dieses Mannes und brachte ihm um die Mittagszeit immer etwas von den Opfergaben, die Gott Shiva dargebracht wurden. Der Sadhu war sehr genügsam und aß nur einmal am Tag.

So ging das viele Tage, bis einmal der Besitzer des Tempels vorbeikam, um nach dem Rechten zu sehen. Er bemerkte, wie der Tempeldiener dem Sadhu die Hälfte der Opfergaben überreichte, wurde sehr wütend und beschimpfte seinen Diener: «Warum fütterst du diesen faulen Burschen? Er sitzt nur herum und tut nichts. Solchen Leuten muß man doch nicht noch zu essen geben. Ich befehle dir, ihm nichts mehr zu geben.»

Der Diener gehorchte, doch der Sadhu machte sich nichts daraus. Er ging jeden Mittag für zwei oder drei Stunden um sein Essen betteln, und wenn er seinen Hunger gestillt hatte, kehrte er in den Tempel zurück. Dort saß er, in Meditation versunken, bis zum nächsten Tag. Nach einer Woche kam der Besitzer des Tempels wieder und sah den Sadhu an derselben Stelle sitzen wie vorher. Er hatte vom Tempeldiener erfahren, daß der Sadhu nichts mehr vom Tempel zu essen bekommen habe, sondern jeden Tag um sein Essen betteln gegangen sei.

Nun wurde der Besitzer neugierig auf den Sadhu. Er

hockte sich zu ihm und fragte: «Sadhuji, warum sitzt du den ganzen Tag im Tempel?» Der Sadhu antwortete: «In fünf Minuten gebe ich dir Antwort.» Nach fünf Minuten erinnerte der Mann den Sadhu an seine Frage, doch der Sadhu entgegnete: «Bruder, warte noch fünf Minuten.»

Der Mann in seiner Ungeduld erklärte dem Sadhu, daß er nur noch fünf Minuten warten werde. Wieder vergingen fünf Minuten, und der Sadhu schwieg weiterhin. Der Mann knurrte jetzt schon sehr ungeduldig: «Schau, Sadhuji, ich habe viel zu tun. Ich kann meine Zeit nicht verschleudern. Ich gebe dir noch fünf Minuten zum Antworten. Erfüllst du mir den Wunsch nicht, gehe ich.» Der Mann wartete, aber es kam wieder keine Antwort. Wütend ging er aus dem Tempel, doch nach einigen Metern stand er plötzlich still und überlegte.

«Ich kann nicht einmal fünfzehn Minuten schweigend an einem Ort zubringen, während der Sadhu fast vierundzwanzig Stunden im Tempel sitzt. Welch ungeheure Macht muß er über seine Gedanken besitzen!» Seine Bewunderung für den Sadhu wurde immer größer. Er kehrte um, trat in den Tempel ein und befahl dem Diener: «Von morgen an gibst du dem Sadhu regelmäßig von dem Essen, das den Göttern geopfert wird. Das machst du, solange er hier im Tempel ist.» Dann verbeugte er sich tief vor dem Sadhu und ging.

Wahrlich, seine Gedanken zu beherrschen und dabei still auf seinem Platz zu sitzen, ist keine Kleinigkeit. Nur wenige Seelen, die sich ganz auf Gott einstellen, sind dazu in der Lage.

Es ist schwer, ein Mensch zu sein

Einst erhoben sich einige Engel gegen Gott und beklagten sich: «Warum sollte der Mensch höher stehen als alle anderen Geschöpfe? Der Mensch hat doch tierische Eigenschaften. Er muß essen, wir nicht. Er muß trinken, wir nicht. Er muß schlafen, wir nicht.» Gott aber erwiderte: «Wir werden diese Frage nach einem Versuch entscheiden.» Er gebot einem der Engel: «Geh auf die Erde und erfahre, was es bedeutet, das Leben eines Menschen zu führen.»

Der Engel flog auf die Erde nieder. Zuerst sah er einen Baum. Er war so begeistert von dem Baum, daß er sich darauf niederließ und begann, von den süßen Früchten zu essen. Voller Freude dachte er: «Dies ist der beste Platz, hier sollte ich bleiben. Ich war ein bedauernswertes Geschöpf, als ich diesen Baum noch nicht hatte.»

Dann erblickte er ein junges Mädchen, das unter dem Baum vorbeiging und Früchte verkaufte. Entzückt von ihrer Schönheit bat er es, ihm von den Früchten zu geben. Sie wurden Freunde, sie wurden Liebende, sie heirateten und bekamen Kinder. Zuerst war der Engel sehr glücklich. Doch als die Frische und die Neuheit vergangen waren, schwanden auch der Reiz und das Glücksgefühl. Er fand, daß diejenigen, die er gestern noch seine Freunde nannte, es heute nicht mehr waren, und jene, die ihm einst Güte erwiesen, dies nicht mehr taten.

Das Leben wurde überaus schwer. Viele Lasten und Sorgen mußte er auf sich nehmen. Er fühlte sich bedrückt, glaubte ersticken zu müssen und war sehr unglücklich. Er klagte über sein Leben auf Erden. Da befahl Gott einem anderen Engel: «Geh auf die Erde und sieh nach, was dein Bruder macht.»

Der Engel flog auf die Erde hinunter. Auch er war entzückt von der Schönheit der Erde, von ihren Blumen, Bäumen und Früchten. Aber als der andere Engel ihm von seinem Leben erzählte, mit all seinen Schwierigkeiten und Sorgen, flog er lieber zurück und wurde so vor diesen Bedrängnissen bewahrt.

Als die Engel wieder vor Gott erschienen, sprach dieser: «Wenn sogar die Engel durch die Erde verlockt werden und Mich vergessen, sollte Ich da nicht stolz sein auf den Menschen, der all die Sorgen, Schwierigkeiten und Lasten des Lebens auf Erden trägt und sich doch manchmal Meiner erinnert und an Mich denkt?»

Ein perfekter Schauspieler

Es war einmal ein Schauspieler, der sich jeden Tag verkleidete und den König, zu dessen Hof er gehörte, zum Narren hielt. Aber der König erkannte ihn in all seinen Verkleidungen. Darauf beschloß der Schauspieler, sich als Asket auszugeben. Er zog sich in eine Höhle in den Bergen zurück, wo er fortan mit zwei Schülern lebte, die ebenfalls Schauspieler waren. Er fastete sehr viel, mit dem Hintergedanken, daß man ihn für einen Heiligen halten sollte.

Nach einigen Wochen begannen die Menschen in der Umgebung, die seine «Schüler» sahen, von dem Weisen in der Höhle zu sprechen. Sie brachten ihm Geschenke, einmal sogar zweihundert Goldstücke. Er aber wies alles zurück und sagte: «Nehmt sie fort. Der Weise braucht weder Geld noch andere Geschenke.» Seine Berühmtheit verbreitete sich immer mehr, und schließlich hörte der König von ihm und wollte ihn sehen.

Der König ging zu der Höhle, aber eine ganze Weile wollten die «Schüler» ihn nicht hereinlassen. Schließlich wurde es ihm erlaubt, vor den Weisen hinzutreten. Er verneigte sich mit den Worten: «Man hat mich lange warten lassen, bevor ich dich sehen durfte.» Der Weise sprach: «Die Hunde der Welt sind nicht befugt, das Haus zu betreten.» Der König war beleidigt. Er dachte, daß dies ein überaus bedeutender Mensch sein müsse und überreichte ihm eine Urkunde mit den Worten: «Dies ist eine Landschenkung für deine Schüler, ein Parvana.»

«Wenn das ein Parvana ist, gehört es ins Feuer», knurrte

der Weise und warf das Papier in das Feuer, das vor ihm brannte. In der Urdu-Sprache bedeutet Parvana auch Motte. Als der König fortgegangen war, erhob sich der Schauspieler und dachte: «Jetzt werde ich dem König erzählen, wie sehr ich ihn zum Narren gehalten habe.»

Da ertönte die Stimme Gottes: «Deine geheuchelte Gleichmut hat es bewirkt, den König zu dir zu bringen. Wenn es echte Gleichmut gewesen wäre, wären Wir selbst zu dir gekommen.»

Rustam

Ein großer persischer König, Yamshid, hatte in seinen Diensten einen außergewöhnlichen Ringkämpfer namens Rustam. Dieser Mann war der beste Ringer im ganzen Königreich. Er wurde jedoch so stolz auf seine Stärke und Tapferkeit, daß der König beschloß, ihn auf irgendeine Weise zu demütigen. Aber er konnte niemanden finden, der mit Erfolg gegen Rustam hätte antreten können. Rustam war der einzige seiner Art im ganzen Lande.

Nun geschah es eines Tages, daß Rustam nach Arabien reiste. Während seiner Abwesenheit wurde ihm in seinem Hause ein Sohn namens Kustam geboren. Die Mutter des Kindes starb bald darauf, und diese Gelegenheit nutzte der König. Er nahm das Kind zu sich in den Palast, und niemand erfuhr, daß es sich um Rustams Sohn handelte.

Im Laufe der Zeit wurde der Jüngling ein großer Kämpfer, so stark und mächtig, daß sich niemand im Lande mit ihm messen konnte. Nach vielen Jahren kam Rustam zurück. König Yamshid sagte dem Jüngling jedoch immer noch nicht, daß Rustam sein Vater sei. Er erzählte ihm nur, daß ein starker und mächtiger Ringkämpfer aus Arabien gekommen sei und er mit ihm kämpfen solle.

Nun war es Brauch, daß jeder Ringkämpfer einen Dolch trug. Wer den Kampf verlor, mußte sich entweder ergeben, oder er wurde getötet. Der Ringkampf wurde als großes Ereignis angekündigt. Der König war sicher, daß Kustam, der Sohn, Rustam, den Vater, töten würde.

Sie kämpften erbittert, und schließlich warf der Jüngling, der dank seiner Jugend viel mehr Kraft besaß, Rustam nieder. Aber Rustam, sein ganzes Leben lang stolz auf seinen Mut und seine Stärke, wollte sich nicht ergeben. Lieber wollte er sterben.

Als Kustam den Dolch aus der Scheide zog, um ihn zu töten, sagte Rustam: «Es macht nichts. Wenn mein Sohn erwachsen ist, wird er dich besiegen.»

Der Jüngling fragte erstaunt: «Wer ist dein Sohn?»

«Und wer bist du?» fragte Rustam zurück.

So wurde das Geheimnis enthüllt, daß der Jüngling Rustams Sohn war. Es gab kein Ende für Kustams Schmerz, so groß war er. Er warf sich seinem Vater zu Füssen und rief: «Vater, lieber will ich derjenige sein, der durch das Schwert fällt, als dein Bezwinger genannt zu werden, wenn ich, wie ich nun weiß, dein Sohn bin.» Sein Vater antwortete glücklich: «Es macht nichts, denn nun bin ich froh, wenigstens zu wissen, daß ich von keinem anderen besiegt worden bin als von meinem eigenen Sohn, meinem eigenen Selbst.»

Die Schale

Es war einmal ein großzügiger König, der einem Derwisch einen Wunsch erfüllen wollte. Der Derwisch wünschte sich von dem König, er möge seine Bettelschale mit Goldmünzen füllen. Der König fand diesen Wunsch bescheiden und dachte, daß er ihm leicht nachkommen könne. Aber die Schale erwies sich als Zauberschale. Als der König versuchte, sie zu füllen, wurde sie nicht voll. Je mehr Goldstücke hineingeschüttet wurden, desto leerer wurde sie. Nach langem vergeblichem Bemühen wurde der König sehr entmutigt. Er wußte nicht, wie er den Wunsch des Derwisch erfüllen sollte.

Der Derwisch sah sich seine Schale an und sagte zum König: «Ich bin ein Derwisch, und ich werde mit meiner leeren Schale davongehen. Gebt nur zu, daß Ihr die Schale nicht füllen könnt, obwohl Ihr mir diesen Wunsch gewährt habt.»

Der enttäuschte König sprach zu dem Derwisch: «Mit deiner Schale stimmt etwas nicht. Es ist keine gewöhnliche Schale, etwas Magisches umgibt sie. Sage mir, Derwisch, was hat es damit auf sich?»

Der Derwisch schmunzelte: «Ja, Majestät, es ist wahr, meine Schale ist eine Zauberschale. Sie ist ein Symbol für das Herz eines jeden Menschen. Es ist das Herz, das nie zufrieden ist. Versucht es mit Reichtum, mit Aufmerksamkeit, mit Wissen, mit Liebe, mit allem, was es gibt, zu füllen – es wird niemals voll werden, denn das ist nicht seine Bestimmung. Der Mensch strebt ständig nach neuen Din-

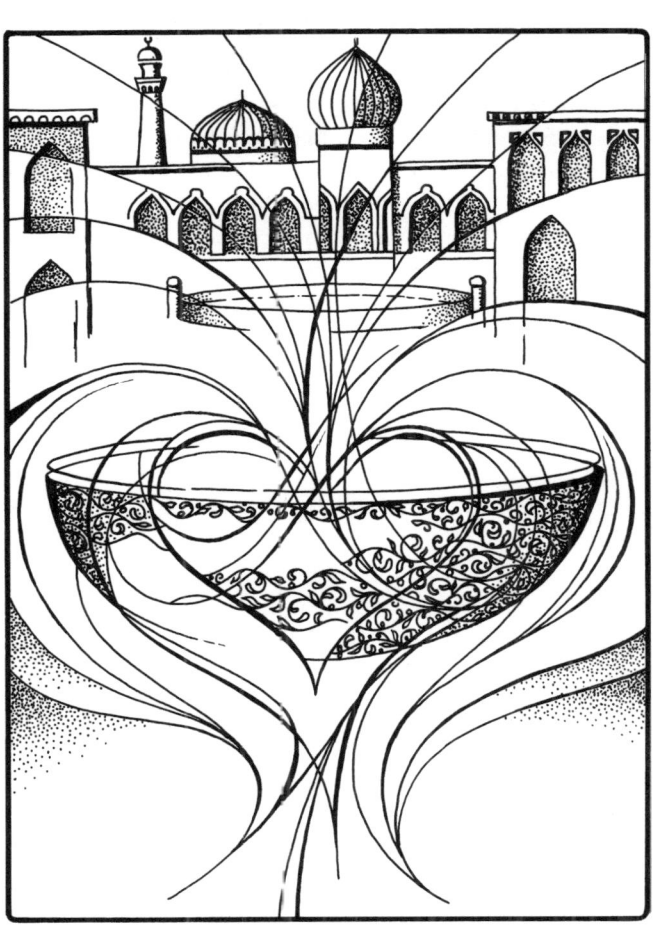

gen, nach allem, was er vor sich sieht. Und je mehr er bekommt, desto mehr wünscht er sich. Die Schale seines
Verlangens wird niemals gefüllt.»

Der weise Heiler

Eine Frau, die jeden Tag mit ihrem Mann Streit hatte, kam zu einem weisen Heiler, damit er ihr einen Ausweg aus ihren Schwierigkeiten weisen möge.

Der weise Heiler meinte, das sei ganz einfach, und er gab der Frau eine Tüte mit Süßigkeiten. «Immer wenn dein Mann heimkommt, nimmst du etwas davon in den Mund, und alles wird wieder gut.»

Sie nahm die Süßigkeiten und stellte fest, daß von dem Tag an zu Hause alles in Frieden ablief. Nach zehn Tagen war die Tüte fast leer, und sie begab sich erneut zu dem Heiler. «Ich brauche wieder von diesen wunderbaren Süßigkeiten», sagte die Frau. «Seit ich sie nehme, sind wie durch ein Wunder bei uns Harmonie und Frieden eingekehrt!»

Der weise Heiler antwortete: «Nachdem du zehn Tage von diesen Süßigkeiten gegessen hast, solltest du verstehen, daß dein Mann, wenn er abends nach Hause kommt, von seiner Arbeit müde und erschöpft ist. Er ist dann nicht in der Stimmung, sich gleich mit dir zu unterhalten. Durch dein vieles Reden hast du die Situation noch verschlimmert.

Solange du still warst, gab es keinen Grund, über irgend etwas zu streiten, und euer Daheim blieb harmonisch. Daraus solltest du lernen, daß Schweigen ein Schlüssel zur Harmonie sein kann.»

Die Macht des Omar

Omar war ein bekannter Kalif von Arabien. Einer seiner Untertanen, der ihm nicht wohlgesinnt war, wollte ihn ermorden. Dieser Mann hörte, daß Omar die meiste Zeit gar nicht in seinem Palast lebte, sondern sich draußen in der Natur aufhielt. Er freute sich darüber, weil er dachte, daß es so ein Leichtes sein würde, den Kalifen zu ermorden.

Als er sich dem Ort näherte, wo Omar meditierte, wurde er in seinem Vorhaben immer unsicherer. Schließlich ließ er sogar seinen Dolch fallen. Er war nicht in der Lage, dem Kalifen auch nur ein Haar zu krümmen. «Ich kann dir nichts antun. Sage mir, Omar, woher kommt das, welche Macht des Himmels hält mich davon ab?»

Omar schaute ihn an und erwiderte: «Mein Einssein mit Gott.»

Aus seinem Einklang mit dem Unendlichen erwuchs die Harmonie mit dem ganzen Universum.

Tansen, der Sänger

Tansen, der berühmte Musiker und Sänger, lebte am Hofe des Mogulkaisers Akbar des Großen. Eines Tages fragte ihn der Kaiser: «Sage mir, wer war eigentlich dein Lehrer?»

Er antwortete: «Majestät, mein Lehrer ist ein sehr großer Mann, ein Heiliger. Er ist nicht einfach ein Musiker, er ist die Musik selbst.»

Der Kaiser wollte diesen wunderbaren Mann gerne einmal singen hören. Tansen gab zu bedenken, daß sein Lehrer niemals an den Hof des Kaisers kommen würde. Der Kaiser war indes bereit, sich selbst zu diesem großen Künstler zu begeben. Tansen gab wieder zu bedenken, daß sein Lehrer niemals vor einem Herrscher singen werde. So verkleidete sich der Kaiser als Diener und wanderte zu Fuß mit Tansen in die Berge des Himalajas. Dort hatte der Heilige seinen Tempel der Musik – inmitten der Berge und Einöden.

Der Heilige erkannte, als die beiden den Weg heraufkamen, daß der eine der Kaiser war. Aber er sah auch, daß der Kaiser seinen Stolz abgelegt und die großen Strapazen eines Fußmarsches auf sich genommen hatte, um ihn zu besuchen. So erklärte er sich einverstanden, vor ihm zu singen.

Sein Gesang war überwältigend. Es schien, als ob alle Pflanzen und Bäume zu vibrieren anfingen. Es war der Gesang des Universums. Auf Akbar machte das einen so tiefen Eindruck, daß er in einen Zustand der Ekstase fiel. Währenddessen verließ der Meister die Höhle. Als Akbar und Tansen ihre Augen wieder öffneten, war er verschwunden.

Akbar sagte: «Welch ein Wunder! Aber wohin ist er gegangen?» Tansen erklärte ihm: «Ihr werdet ihn niemals in
dieser Höhle wiedersehen; denn hat ein Mensch einmal
von diesem gekostet, will er es immer wieder haben, und
koste es auch sein Leben.»

Wieder im Palast angekommen, fragte der Kaiser Tansen, welche Tonfolge der Meister gesungen habe. Tansen
nannte ihm die Folge und sang sie ihm vor. Doch der Kaiser war nicht recht zufrieden. «Ja, es sind dieselben Töne,
aber es ist doch nicht dasselbe», meinte er.

Tansen antwortete: «Der Grund liegt darin, daß ich für
euch, den Kaiser, singe, während mein Meister für Gott
allein singt, und das ist ein großer Unterschied.»

Die Konferenz der Sufis

Die Hochzeit des wahren Wesens

Oh, welch glücklicher Augenblick, wenn wir in dem Palast sitzen,
Du und ich,
zwei Körper, aber eine Seele, Du und ich.
Ewig sind die Farben der Blüten und die Stimmen der Vögel,
wenn wir in den Garten kommen, Du und ich.
Die Sterne des Himmels senden ihre Strahlen,
wir werden ihnen den Mond schenken, Du und ich.

Du und ich, nie mehr sind wir einzeln und allein,
sondern in Ekstase vereint.

Voller Freude und sicher in närrischem Gestammel, Du und ich.
Die buntgefiederten Vögel des Himmels beten den Platz an,
wo wir in großem Glück diese Freude erfahren.
Das ist das größte Wunder, an einem und demselben Ort
zusammen zu sein, Du und ich,
und doch im gleichen Augenblick im Irak und in Khorosan
zu sein, Du und ich.

Jelal ud Din Rumi

Sufis trafen sich jenseits des Raums, in einem unbekannten zeitlosen Augenblick zwischen Vorewigkeit und
Nachewigkeit. Sie kamen in Hurkalya zusammen, der hohen Sphäre der Seelen, im Lande des Prinzen Hurbaksh,

des Herrn der strahlenden Kraft, dessen Gesicht die Sonne unseres Planetensystems ist.

Der Geist des einen Auserwählten, Sal aleihi wa Salam (Friede sei über ihm), ergoß sich über ihre Seelen und erleuchtete ihren Geist mit Nur Muhamedi, dem Licht des Propheten.

Sie trafen sich in der Art und Weise der Derwische. Sie wollten Kunde tun von dem, was ihnen enthüllt worden war, entsprechend ihrem spirituellen Stadium Makam, und um ihre spirituelle Trunkenheit miteinander zu teilen. Hazrat Ali wurde auserkoren, den Vorsitz zu führen. Es trat mit großer Vornehmheit der große Scheich al Akbar Muhiyud Din Ibn Arabi vor. Er war in einen herrlichen, silberfarbenen Burnus gekleidet und von vielen Schülern umgeben. Er eröffnete das Feuer der Argumente in dem Wissen, der am umfassendsten Gebildete unter den Anwesenden zu sein. «Da Gott sich nur in Seiner Schöpfung erkennt, verleihe ich, der Erschaffene, Ihm einen Grad der Realität, während Er mir Existenz verleiht. So werden die Rollen zwischen Ihm und mir verteilt. Er ist der erschaffene Schöpfer und ich die schaffende Schöpfung.»

Sowohl Bastami als auch Hallaj wünschten ihn zu unterbrechen. Beyazid Bastamis Ungestüm kannte keine Grenzen. Gekleidet in einen übergroßen Umhang, rief er mit grimmiger Stimme: «Aber die Schöpfung ist eine Illusion. Gott verbirgt sich in den Bazars ebenso wie in den Welten der Engel. Er ist die Prüfung aller Frommen. Alles, was du erfährst, ist bildnishaft. Ich wünsche nichts anderes als das Absolute. Wer als Bräutigam an der göttlichen Hochzeit teilnimmt, braucht sich nicht mit dem Schleier der Braut zu begnügen.»

Mansur Al Hallaj konnte nicht länger an sich halten; er vergaß seine Antwort an Ibn Arabi und entgegnete: «Aber du bist es ja, du bist der Schleier auf dem Antlitz des Geliebten.» Während er sprach, erstrahlten seine Augen so stark, daß es schien, als habe sich der Schleier von ihm ein wenig gelüftet.

Farid ud Din Attar bot sich als Vermittler an. Feingekleidet und geschmückt, parfümiert in der Tradition der iranischen großen Dichter, sagte er mit melodischer Stimme: «Sicher, der Schleier, den Bastami fortwünscht, ist ein Schutz. Die Annalen des Irans berichten von einem Herrscher, der so schön und hoheitsvoll war, daß er während der königlichen Umzüge immer einen Schleier trug, um seine Herrlichkeit zu verbergen und sein Volk vor seiner Schönheit zu schützen.»

Beyazid wollte gerade unterbrechen, als Abdel Kadr al Gilani aufsprang und bebend, wie ein einsamer Baum im Winde, zu zitieren begann. «Gott spricht: ‹Für jene, die den Glanz des Lichtes Meiner Intelligenz nicht ertragen können, habe Ich die Welt der Materie als Schein erschaffen.›» Er hielt überwältigt inne. «‹Und für jene, die die Einsamkeit Meiner Einheit nicht ertragen können, habe Ich das Licht der Intelligenz als Schirm und Schutz erschaffen.›»

Wie von nirgendwoher kam Shams Tabriz hereingedonnert, mit Sonnenglanz auf seinem Gesicht. Er war seltsam gekleidet, ein grauer Sack umhüllte ihn, mit roten und schwarzen Bändern verziert, und er war mit unzähligen Ringen, Ketten und Amuletten von zweifelhaftem Wert behangen. «Wenn ich jemals das Geheimnis meiner Liebe enthüllen würde, die Welt ginge in Flammen auf», erklärte er.

Mevlana wurde von Tränen überwältigt. «Alles, was ich war, dachte oder sagte, war Er. Wenn nicht den Geliebten, was gibt es sonst in der Welt? Der Geliebte ist alles, der Liebende ist der Verdeckende. Alles, was ich will, ist brennen, brennen, bis ich erfüllt bin von Liebe. Die Seele ist wie ein hungriger Vogel.»

Mansur Al Hallaj, in Verzückung gefangen, stammelte immerzu: «Allah hu Akbar – Gott ist groß; Ya Sirr as Sirr – O Geheimis des Geheimnisses. In mir ist nichts, das nicht mit Ihm verbunden wäre. Du bist da als die Träne in meinem Auge und als das Blut in meinen Adern. Dein Bild ist in meinen Augen, Dein Bekenntnis auf meinen Lippen, Deine Zuflucht in meinem Herzen. Hier bin ich, o mein Geheimnis, o mein Vertrauen, hier bin ich, o mein Ziel, o meine tiefste Bedeutung. Ich rufe Dich, nein, Du warst es, der mich suchte. Wie konnte ich fragen: Bist Du es? Wenn Du mir nicht zugeflüstert hättest: ‹Ich bin es!› O Anfang und Ende meiner Bestimmung, o meine Sprache, o mein Stammeln.»

Es entstand für einen Moment Schweigen. Farid ud Din Attar in seiner philosophischen und gleichzeitig poetischen Art wandte ein: «Der Schleier, hinter dem Er sich verbirgt, um die Menschen zu schützen, enthüllt Ihn in dem Ausmaß ihrer Fähigkeit, Ihn zu erfassen. Er läßt die Konturen des göttlichen Antlitzes erahnen. Ehre dem Einen, der sich verbirgt, indem Er sich offenbart, und der sich offenbart, indem Er sich verbirgt.»

Beyazid war außer sich: «Zweifellos ist Schutz nötig für jene, die ertrinken würden in einem Tropfen des göttlichen Ozeans, aber Salik . . .» Hier unterbrach ihn Shams Tabriz: «Gehen ohne Füße und Fliegen ohne Fügel.»

«Ja, wer sich unter die göttliche Führung gestellt hat, wird befreit von allen seinen Attributen. In der Tat, Wiedergeburt wird durch Auslöschen erreicht», sagte Jabir al Hajam, der Alchimist mit den hervorragenden Manieren, in seinem grünen Turban, eine smaragdene Tafel in seinen Händen tragend.

Abdel Karim al Jili, der aus großem Respekt vor Sheik Akbar bis jetzt Schweigen bewahrt hatte, sagte sehr passend: «In ihrer Auslöschung bleiben die Geschöpfe bestehen, in ihrer Essenz dagegen haben sie niemals auf Erden existiert.»

Nun nutzte der kluge Theologe Juanid Baghadi seine Chance: «Er vernichtet mich, indem Er mich schafft, wie Er mich schuf im Anfang, als ich nichts war. Kehre zurück zu dem Zustand, indem du warst, bevor du wurdest.»

«Nein, nein, nein», schrie Al Hallaj, immer noch blutbefleckt, seinem ersten Murschid zu, der ihn vor seinem Blutopfer gewarnt hatte. «Welchen Sinn hat es, uns zu erschaffen, wenn wir zurück sollen, wo wir begonnen haben. Warum wirkt Er dann mitten in unser Fleisch hinein?»

Die ganze Szene seiner Kreuzigung lebte noch einmal auf. Er hatte das alles selbst durchlebt, in seinem eigenen Fleisch erfahren. Er war damals konfrontiert mit einem dogmatischen Urteil und doch gerechtfertigt in seinem Geist. «Mit meinem Tod habe ich meine Pflicht dir gegenüber erfüllt. Doch wenn sie gewußt hätten, was Gott mir enthüllt hat, wäre ich nicht in diese Lage gekommen, die mir einen so qualvollen Tod bereitet hat.» Er durchlebte einen Moment des Erschreckens bei der Betrachtung der Bedeutung von Leben und Tod. «Wie ist es möglich, daß von Anfang an mein Wesen Dir als Symbol diente, wie kannst Du es wünschen, daß Deine Essenz, Dein Wesen in mir mit meinem Körper geschunden, auf ein Kreuz gehängt und meine Asche in den Wind gestreut wird? Und auf einmal die Antwort, wie ein Weihrauch, wie ein Versprechen meiner Auferstehung. Hier liegt die Absicht. Er manifestiert Seine Einheit in der Vielheit, in der Auferstehung, durch das Auslöschen meines Egos in der Nachewigkeit. Wie das eine Subjekt hinter allen Subjekten und das eine Objekt hinter allen Objekten.»

Sheik Ibn Arabi, ein Meister fundamentaler philosophischer Konstruktionen, sagte: «Aber ein Hadit sagt: ‹Er erschafft dich, um Sich zu erfahren. Gott wünscht Sein Wesen zu kontemplieren in einem Objekt, das mit Seinem Sein erfüllt ist und die göttliche Ordnung widerspiegelt.›» Der große Sheik hatte die Diskussion auf einen wichtigen Punkt gelenkt, als ein fremder, über alle Maßen gottestrunkener Mann von der Wüste hereingeweht kam.

Seine Stimme war die eines Menschen aus der Wildnis, sein Wesen sah immer eine Dimension weiter und dahinter: Abdel Jabbir Niffar. «Nein, es war nicht, um Sich zu erfahren, daß Er dich schuf, es war aus Liebe für dich, als schlummernde Kraft in Ihm, daß Er aus der Ruhe Seiner Einheit die Vielheit schuf, in der du existierst.»

Verlegenes Schweigen entstand. Al Ghazali, der Erfahrene, ergriff das Wort und sagte das Unvermeidliche: «Das steht im Gegensatz zu den Worten des Propheten.»

Worauf Salman Pak al Farsi erwiderte: «Wisse, daß der Prophet – Sal aleihi wa Salam – einige Gedanken nur für Auserwählte kundtat.»

Von weit her wie aus dem Kosmos ertönte eine Stimme: «Der Islam wurde in der Verbannung geboren, und der

Prophet Gottes, vertrieben von Ulema, hat Zuflucht gefunden im Tawil, dem Ausdruck der Liebe.»

«Das war die Stimme des Propheten», erklärte Oweis Kareni ehrfürchtig.

«Woher weißt du das?» wollte Ghazali wissen.

«Ich wußte immer, wie er fühlte, er wußte immer, wie ich fühlte.»

Hazrat Ali kniete nieder und legte seinen Zeigefinger zuerst auf die Lippen und dann auf die Augen. Das ist die Art der Moslems, ihre Liebe und Ehrfurcht zu zeigen. Er sagte: «Ist es nicht seltsam, wie wenig Moslems die Stimme des Propheten erkennen?»

Nun warfen sich alle auf die Knie; sie weinten, und manche benetzten ihre Kleidung mit ihren Tränen. Hadji Sherif Zindani begann zu singen und zu tanzen. «Er führt dich von der Verwirrung zur Bestürzung.» Mehr und mehr nahmen teil an diesem unbeschreiblichen Tanz der Gottberauschten. Einer nach dem anderen fielen sie auf die Stirn, während wieder andere voller Achtung und Respekt vor der Kraft und Macht Gottes zusahen, die sich in diesen Körpern in das Wirbeln und Wehen des Heiligen Geistes verwandelt hatte.

Al Hallaj kam zu der Gesellschaft der Heiligen zurück. Mit großer Bestimmtheit in seinem Blick und mit göttlichem Zorn in der Stimme sprach er, den Finger auf Sheik al Akbar gerichtet: «Das Wissen, das Gott von Sich selbst durch den Menschen hat, ist unendlich im Vergleich mit Seinem Wissen von dem Wesen Seines Seins jenseits der Schöpfung. Wie kann jenes Bewußtsein, das sich von seiner Quelle entfernt hat, diese Quelle erkennen?»

«Du, der du getrennt bist von Gott durch den Abgrund der Zeit. Wahrlich, manchmal läßt Er sich von Seiner Höhe herab wie ein Blitz und läßt dich in einer unaussprechlichen Verwirklichung zurück.» Der große Sheik wußte die Sprache der Liebe zu sprechen. In seiner berühmten Gewandtheit äußerte er Dinge, die einigen wenigen vorbehalten waren. «Im Erkennen Seines Bildes in mir entdecke ich Ihn als das eine Sein, von dem ich das Abbild bin. Indem ich meiner Anbetung für Ihn Ausdruck verleihe, antworte ich der Liebe, durch die Er ein anderes Er-Selbst schuf, durch das Seine Liebe sich materialisiert in Form des Geliebten. Liebe erschafft in dem Einen Geliebten das, was immer schon als Geheimnis verborgen lag. Er ist der unsichtbare Geliebte, den jeder Liebende in jedem sichtbaren Geliebten liebt.»

Das Murmeln der Shahada «La illa ha illa 'lah hu» ging durch die Gemeinschaft der Heiligen und füllte die weite Halle, wo sich unzählige ehrenwerte Sheiks, Murschids, Derwische, Madzubs und Fakire versammelt hatten.

Ein junger, dynamischer Derwisch rief: «Halt, seid ihr euch so wenig der Gegenwart Gottes bewußt, daß ihr Ihn in der dritten Person anredet? Wenn eine Gemeinschaft sich auf ein Sein konzentriert, ist Er mehr anwesend als die ganze Gesellschaft. Sagt: ‹La illa ha illa antar . . . (außer dir).»› Es war Shihabuddin Suhrarwardi mantul, der in Aleppe auf Befehl Saladins umgebracht worden war. Er trug noch eine rote Halskette als Erinnerung an seinen Tod und einen zoroastrischen Turban und eine Tunika. Er sah aus wie ein Magier der alten Traditionen, die mit dem Sufismus eng verbunden waren.

Mevlana unterbrach: «Du erfandest dieses ‹Ich und Wir›,

um das Spiel der Verehrung mit Dir zu spielen. Auf daß alle Ichs und Dus zu einer Seele werden und sich zuletzt in dem Geliebten vereinen.»

Al Hallaj stieß mit einer Kraft, die alle erzittern ließ, hervor: «Wie kannst du Zeugnis ablegen für die göttliche Einheit. Wenn du sie bestätigst, bestätigst du dich im selben Augenblick selbst als derjenige, der bestätigt. Welch ein Widerspruch.» Es schien, als ginge seine Stimme auf Distanz. «Es genügt dem Demütigen, daß Gott selbst Seine Einheit durch ihn bestätigt. Bin ich es? Bist Du es? Das wären zwei Götter. Fern liegt mir die Bestätigung von zweien. Da ist ein ewig dauerndes Sein, das Du bist – auf dem Grund des Nichts, das ich ‹ich› nenne. Oh, nimm hinfort mein ‹ich bin› zwischen Dir und mir, das mich so quält.»

«La illa ha illa ana (Da ist kein Gott außer mir)», rief Suhrarwardi. Hadiji Zindani Chichti und Alah ud Din Sabir drehten sich so schnell, daß ihre Füße den Boden verloren, während Beyazid zu wiederholen begann «Illa ana», was viele bestürzte.

Nun kam Beyazid zurück zu seinem Thema: «Ich trennte mich von meinem Ego wie die Schlange von ihrer Haut, und ich war Er. Ich erreichte die Schwelle zum Nichtsein und erhob mich darin: So ging ich von Erlösung zu Erlösung. Dann erreichte ich die Bereiche des Verzichtes, ging von Verzicht zu Verzicht und wurde sogar meiner Not beraubt durch die schiere Verneinung der Verneinung und den Verzicht auf Verzicht – dann erreichte ich die Vereinigung.»

Al Hallaj kam und stand ihm zur Seite: «War es nicht dein Wunsch, Gott zu erfahren, der deiner Vereinigung im Wege stand? Indem du dich von der Schöpfung trenntest und dich weigertest, Gott in Seinen Attributen zu sehen, tatest du das, wofür Iblis verdammt wurde. Der erste Schritt zur Vereinigung ist das Aufgeben jeder Trennung (getrennt sein von Gott in Seinem Tun und von Seiner Gnade.)»

Und wieder fühlte sich Abdel Karim al Jili bewegt, von der großen Kraft des Paradoxen zu sprechen, durch die Gott die geistigen Zusammenballungen und die versteinerten Begriffe zerstreut. «O Du, der dort abwesend ist, wir haben Dich hier gefunden.»

Alle saßen schweigend da und dachten über die Worte nach, als plötzlich die Stimme Gottes zu hören war. Alle Anwesenden führten Saida aus, die Haltung der Ehrfurcht und Demut. Die Stirn auf dem Boden, wiederholten sie: «Subhan Allah Rabb al Allah – Ehre sei Gott, dem Herrn des Höchsten.»

Gott antwortete: «Rabana filiman 'l Hamida – Gott gewährt jedem, der bittet.»

«Gewähre mir die Vision Deiner Absolutheit», bat Beyazid.

«Du bist nicht stark genug, um die Einsamkeit meiner Einheit zu ertragen», antwortete Gott.

«Das ist genau das, was ich ersehne», sagte Beyazid.

Gott sagte «Oh, Ich!»

Dann war eine Pause. Beyazid dachte, es sei eine Prüfung, und sagte: «Oh, Gott, versuche mich nicht in meinem Ego.» Es hatte sich gezeigt, daß er immer noch ein Ego besaß. Er war noch nicht reif für die Einsamkeit der Einheit.

Gott antwortete: «Oh, du!» und brachte ihn wieder in sein normales Bewußtsein.

Die Gemeinschaft war in Schweigen gehüllt. Mit Meisterschaft brach Jelal ud Din Rumi das Eis, so daß alle außer Beyazid ihre Köpfe hoben. «Manchmal macht Er denjenigen, der an die göttliche Immanenz glaubt, zum Zeugen Seiner Einheit, und manchmal lenkt Er den, der an die göttliche Transzendenz glaubt, von Seiner Ausschließlichkeit ab, indem Er Seine mannigfaltigen Formen enthüllt.»

Beyazid kippte wie ein gefrorener Leichnam um, und alle beobachteten ihn mit schweigender Ehrfurcht. Das göttliche Wunder spielte sich vor ihren Augen ab.

Der Wind wehte von der Wüste herein, und die grüne Gestalt von Kidr-Elias schwebte in die Halle. Er verkündete: «Wer sein Leben bewahren will, wird es verlieren, und wer es geben wird, der wird es gewinnen. Wir haben diese Worte Isa Ruh Allah (Herrn Jesus) gegeben, als er in die Wüste kam.»

«Ya Quddus», wiederholte die Gemeinschaft und berührte voller Ehrfurcht ihre Knie mit der Stirn. Wie aus einem Grab auferstanden erhob sich Beyazid wieder und sagte: «Er sah auf mich einen Augenblick mit dem Auge der Kraft, und Er vernichtete mich in Seinem Sein und wurde sichtbar für mich in Seinem Wesen. Ich sah, daß ich in Ihm war. Dann wieder belebte Er mich mit Seinem Leben.» Beyazid rief nun aus: «Oh, ich!» Worauf Gott sagte: «Du bist der einzige!»

Man hörte das Klappern der Hufe von Prinz Hurbakshs siebzigtausend geflügelten Rossen, die über das Dach des Palastes ritten, um die weiten Horizonte seines riesigen Königreiches zu durchstreifen.

Als die Konferenz fast vorüber war, erschien wie unerwartet um die elfte Stunde ein indischer Pir-o-Murschid aus dem zwanzigsten Jahrhundert, Pir-o-Murschid Hazrat Inayat Khan, in der Art der moslemischen indischen Priester in eine goldene Robe gekleidet, geschmückt mit einem geflügelten Herzen. Er trug auf seinen breiten Schultern Tausende von erleuchteten Seelen aus dem Westen. Die Strahlen von Kwaja Muinuddin Chisti schienen ihn zu umgeben. Er kam spät und hatte doch sofort seine Freude an der Gemeinschaft der Gottberauschten.

Der Grad seiner Verzückung war spürbar, als er in Paradoxien zu sprechen begann: «Ich habe im Leben geliebt und wurde geliebt. Ich trank den Giftkelch der Liebe wie Nektar. Ich habe mich erhoben über die Freuden und Leiden des Lebens. Mein Herz, in Liebe entflammt, setzte jedes Herz in Feuer, welches mit mir in Berührung kam. Mein Herz wurde zerrissen und wieder vereint. Mein Herz war gebrochen und wurde wieder erneuert, mein Herz war verwundet und wurde wieder geheilt. Tausend Tode starb mein Herz, und dank der Liebe lebt es noch immer. Ich ging durch die Hölle und durch das verzehrende Feuer der Liebe und erreichte den Himmel, erleuchtet von dem Licht der Liebe.

Ich weinte aus Liebe, und alle weinten mit mir. Ich trauerte aus Liebe und tröstete die Herzen der Menschen. Und als mein feuriger Blick auf die Berge fiel, barsten die Gebirge auseinander wie Vulkane. Die ganze Welt sank in die Fluten meiner Tränen. Meine tiefsten Gefühle ließen die Erde erzittern. Und als ich den Namen meines Geliebten rief, erschütterte ich den Thron Gottes im Himmel.

Ich senkte mein Haupt tief in Demut, und auf meinen

Knien bat ich um Liebe. Enthülle mir, ich bitte Dich, o Liebe, Dein Geheimnis! Sie nahm mich zart an meinem Arm, hob mich über die Erde und sprach sanft in mein Ohr: ‹Mein Lieber, du bist ja selbst die Liebe, der Liebende und der Geliebte, den du angebetet hast.›»

Die juwelenbesetzte Kappe

Im Orient erzählt man sich die Geschichte von einem König, der einmal mit seinen Freunden darüber diskutierte,
worin wohl Schönheit bestehe. Während sie zusammen auf
der Terrasse des Palastes sprachen, beobachteten sie Kinder,
die im Schloßhof spielten.

Plötzlich rief der König einen seiner Sklaven, reichte ihm
eine juwelengeschmückte Kappe und befahl ihm: «Hier,
nimm diese Kappe und setze sie dem Kind auf, dem sie am
besten steht. Kröne das schönste der Kinder, die unten im
Hof spielen.»

Der Sklave war etwas verwirrt, aber er nahm die Kappe,
und ging, sie vorsichtig tragend, in den Hof. Zuerst setzte er
sie dem Sohn des Königs, dem Prinzen, auf, aber er war nicht
zufrieden. So probierte er es bei einem Kind nach dem anderen, aber irgendwie befriedigte es ihn nicht, immer stimmte
es nicht vollkommen. Zum Schluß setzte er sie dem Kind
auf, den sie am besten stehtnen Sohn auf. Er fand, die Kappe
stehe ihm wunderbar. So nahm er seinen Sohn an die Hand
und brachte ihn zum König. «Herr, von allen Kindern finde
ich, daß die Krone diesem Jungen am besten steht. Ich muß
ehrlich sein und gestehen, daß es mein eigener Sohn ist.»

Darauf lachte der König, dankte ihm und schenkte ihm
die Kappe für seinen Sohn. «Gewiß, du hast mir genau das
gesagt, was ich hören wollte: Es ist das Herz, das die Schönheit wahrnimmt.» Denn der Sohn dieses Sklaven war ein
sehr unansehnliches Kind, was der König und alle anderen
auf einen Blick erkennen konnten.

Das Bauernmädchen

Ein Bauernmädchen befand sich auf dem Wege zu seinem Geliebten. Da kam es an einem Mullah (islamischer Priester) vorbei, der betete. In seiner Unwissenheit schritt es an ihm vorüber, obwohl das im damaligen Gesetz verboten war.

Der Mullah war sehr wütend, und als das Mädchen zurückkam, schimpfte er es für sein Vergehen aus. Er sagte zu ihm: «Mädchen, was hast du für eine Sünde begangen, als du an mir vorbeigingst, während ich betete.»

Das Mädchen fragte: «Was ist das: Beten?»

Er erwiderte: «Ich dachte an Gott, den Herrn der Himmel und der Erde.»

Das Mädchen erwiderte: «Es tut mir leid. Ich weiß kaum etwas von Gott und vom Beten. Ich war auf dem Wege zu meinem Geliebten und dachte an ihn. Dabei sah ich nicht, daß Ihr gebetet habt. Aber, wie konntet Ihr mich sehen, wenn Ihr an Gott gedacht habt?»

Diese Worte berührten den Mullah so sehr, daß er zu dem Mädchen sagte: «Von diesem Augenblick, o Mädchen, bist du mein Lehrer. Ich bin es, der von dir lernen sollte.»

Die alte Frau und der Murschid

Einst lebte in Indien ein Murschid – ein spiritueller Lehrer –, der im ganzen Land bekannt war. Die Menschen kamen von nah und fern, um seinen Rat und seine Hilfe zu empfangen. Natürlich war es so wie überall auf der Welt, daß auch viele Neugierige ihren Weg zu ihm fanden.

Es war eine einsame Gegend, in die sich der Weise zurückgezogen hatte. Am Anfang des kleinen Weges, der zum Haus des Murschids führte, stand eine Hütte, in der eine alte Frau lebte. Jeder, der vorüberkam, fragte sie nach dem richtigen Weg zu diesem berühmten Mann. Allmählich wurde das der alten Frau zuviel. Sie wurde immer unfreundlicher und begann schließlich, häßliche Dinge über ihn zu erzählen. Sie hörte nicht damit auf, und nach und nach begannen ihr viele Leute zu glauben. Sie dachten, die alte Frau, die ja so nah bei dem Mann lebte, müßte es wohl wissen.

Durch die bösen Reden der Frau irritiert, wurden viele Menschen unsicher, kehrten vorzeitig wieder um und gingen nicht mehr zu dem Murschid. Seinen Schülern kam die Sache schließlich zu Ohren, und es ärgerte sie sehr. Sie bedrängten ihren Murschid, etwas zu unternehmen und der alten Frau ihr dummes Gerede zu untersagen.

Aber der Murschid entschied, daß nichts getan werden sollte. Gott habe es so gewollt, und nur Gott könne etwas ändern. Der Murschid erzählte als Beispiel eine Geschichte von einem Gärtner, der einen besonders schönen Garten mit vielen Blumen und edlen Pflanzen betreute. Um diesen zu schützen, pflanzte er um ihn herum eine Hecke mit dornigen Zweigen. Diese hielten die wilden Tiere davon ab, die Pflanzen zu fressen. In diesem Falle sei Gott der Gärtner, und er schütze den Murschid auf seine Weise.

Nachdem die Schüler die Geschichte gehört hatten, wurden sie still und verstanden, daß Gott die alte Frau an diesem Ort leben ließ, damit nur jene, deren Absicht unerschütterlich war, die Prüfung ihrer verwirrenden Reden bestanden und zum Meister fanden.

Der respektlose Sufi

Ein Sufi war dabei, sich auszuruhen. Er hatte die Arme hinter dem Kopf verschränkt, die Beine ausgestreckt und lag ganz entspannt und glücklich da.

Ein frommer Mann ging vorüber, sah ihn und rief: «Ich wußte ja gar nicht, daß du so ein respektloser Mensch bist!» Der Sufi war sehr überrascht und fragte ihn, weshalb er das sage. Er ruhe nur friedlich aus. «Du liegst auf eine höchst ungehörige Weise da, weil deine Füße nach Mekka zeigen!» empörte sich der Mann.

Der Sufi dachte einen Augenblick nach. «Komm bitte hierher, mein Freund», meinte er dann, «nimm meine Beine und lege sie in eine Richtung, wo Allah nicht ist.»

Die Trauben

Vier Männer aus vier verschiedenen Ländern unternahmen einmal gemeinsam eine Reise. Als sie in einer unbekannten Stadt einkaufen wollten, stellten sie fest, daß sie nur noch ein Geldstück bei sich hatten.

Der eine Mann kam aus Persien. «Ich möchte dafür Angur kaufen», sagte er. «Ich will aber Uzum», meinte der Türke. «Nein, ich will lieber Inab», verlangte der Araber, und der Grieche bestand darauf, Stafil zu kaufen.

Da kam ein Sprachgelehrter des Weges und bot ihnen seine Hilfe an. «Gebt mir die Münze, ich werde alle eure Wünsche befriedigen.» Die Männer waren etwas mißtrauisch, doch sie gaben dem Mann die Münze, und dieser erschien nach kurzer Zeit wieder.

Er war zu einem Obsthändler gegangen und hatte Trauben gekauft. «Da ist ja mein Angur», freute sich der Perser. «Ach, das ist doch, was ich Uzum nenne», rief der Türke aus. Der Araber bedankte sich für «Inab», und der Grieche meinte: «Auf griechisch heißen diese Früchte Stafil.»

Die Männer teilten die Trauben unter sich und erkannten, daß Mißverständnisse oft deshalb zustande kommen, weil man nicht die gleiche Sprache spricht.

Der Mittagsschlaf

Ein überaus herrschüchtiger König stellte einmal einem Eremiten die Frage: «Welche Art von Gottesverehrung hältst du für die beste?»

Der Fromme antwortete: «Für dich ist der Mittagsschlaf die beste, denn dann können deine geplagten Untertanen ein oder zwei Stündchen aufatmen und sich von dir erholen.»

Die Feuerhochzeit

Es war zwischen Vor- und Nachewigkeit, als unsere Seelen zur Bewußtwerdung kamen. Das goldene Feuer sandte seine Strahlen aus, manche waren zart und schmal, andere groß und stark. Aus den großen und starken Strahlen formten sich unter wunderschöner, zarter Musik große, imposante, schöne Engel mit vier Flügeln, acht Armen und zwei Köpfen. Sie waren von unbeschreiblicher Schönheit und Reinheit.

In ihren Herzen wünschten sie nur, Gott zu dienen. Sie dienten Ihm, indem sie Ihn priesen, anbeteten und Sein Lob sangen. Einmal wurde ihnen gesagt: «Ihr könnt mehr für Gott tun. Ihr könnt das Höchste für Ihn vollbringen. Dazu müßt ihr auf den Planeten Erde gehen und Gott helfen, daß Er sich in Seiner Schöpfung erfahren kann. Er vermag es durch euch, denn ihr seid ein Teil von Ihm, und durch euch kann Er sich erkennen.»

Ein großer Engel, der ganz von Liebe zu Gott durchdrungen war, wollte alles für den Geliebten tun. Er stimmte aus tiefstem Herzen zu. Es wurde ihm gesagt, daß er schwere Prüfungen durchmachen werde, doch es sei der größte Liebesbeweis einer Seele, für Gott auf die Erde zu kommen.

Das erste Schreckliche, was der Engel erleiden mußte, war, daß er geteilt wurde. Die oberen Engel sagten, daß er für einen Menschen zu stark sei, zu vollkommen, und so wurde er in ein männliches und ein weibliches Wesen geteilt. Danach wurden die beiden Seelen gefragt, was sie lieber wollten: Sie könnten als Mensch auf Erden alle Reichtümer, Macht und Ruhm erlangen, doch sie dürften sich dafür die ganze Erdenzeit oder sogar noch länger nicht mehr wiedersehen. Oder aber sie hätten viel Einsamkeit, Sehnsucht und Leid zu ertragen, doch nach einer gewissen Zeit des Suchens sollten sie sich wiederfinden dürfen. Es gab für beide keinen Augenblick des Überlegens. Beide entschieden sich für das Wiederfinden. Dann wurden sie in einen tiefen Schlaf versetzt. Ein Führungsengel flüsterte ihren Seelen einen Satz zu, an dem sie sich einmal erkennen sollten.

Es vergingen viele Monde, und ein Mädchen wurde geboren. Sie kam als Tochter eines reichen indischen Herrschers auf die Welt und wuchs in einem wunderschönen Palast in Kaschmir auf. Sie war klein und zierlich und hatte herrliches, langes, schwarzes Haar. Sehr gerne hörte sie zu, wenn die Musiker am Hofe ihres Vaters Musik auf der Sitar spielten. Auch liebte sie es, im blühenden Garten zu sitzen und zu träumen. Sie hatte Sehnsucht und wußte nicht, wonach. Wenn sie nachts zum funkelnden Sternenhimmel hinaufsah, durchfuhr es sie, wie wenn ein Schwert durch sie hindurchginge, und gleichzeitig konnte sie in der Ahnung eines unbestimmten Glücks vor Freude in Tränen ausbrechen.

Im Süden Indiens ritt indessen der junge Sohn des Maharadschas auf einem weißen Elefanten. Er wurde in allen Fertigkeiten der Jagd unterrichtet, der Kunst der Hofführung und der Kunst, aus den Sternen zu lesen. Auch ihn faszinierten die Sternenwelten, und er spürte einen Hunger nach Wissen und eine Sehnsucht, die ihn nicht losließ.

Als er vierzehn Jahre alt war, reisten seine Eltern mit ihm

in einer großen Karawane nach Norden. Sie waren viele Wochen unterwegs, und es wurde eine interessante und abenteuerliche Zeit. Das Ziel der Reise war Kaschmir. Der Maharadscha hatte von der jungen Prinzessin gehört und wollte seinen Sohn mit ihr verheiraten.

Die Prinzessin war wie sein Sohn in der Religion der Hindus erzogen worden. Ohne daß sie voneinander wußten, liebten es beide, jeden Tag in den Tempel zu gehen, Gott Krishna zu verehren und ihm Blumen und Süßigkeiten zu bringen.

Als der Maharadscha in Kaschmir ankam, gab es einen großen feierlichen Empfang. Die Musiker spielten, und das ganze Volk kam herbei, um alles ganz genau sehen zu können. Die Diener nahmen Aufstellung, und der König erschien mit seinem ganzen Hofstaat. Dem Prinzen gefiel das alles nicht, und blitzschnell verschwand er zwischen den vielen Menschen. Er lief eine Weile, bis er im königlichen Garten einen Tempel stehen sah. Er wusch sich an dem Brunnen, der davor stand, den Staub vom Gesicht und betrat dann ganz leise den Tempel.

Er hatte die Augen niedergeschlagen, und erst nach einigen Schritten wagte er es, aufzusehen. Vorne stand sehr groß und schön Gott Krishna mit einem Kranz von rotleuchtenden Blüten um den Hals. Räucherwerk duftete, und der Prinz glaubte, eine ganz zarte, himmlische Melodie zu hören.

Er ging weiter nach vorne, und wie im Traum erblickte er die kniende Gestalt eines jungen Mädchens. Da war es ja, dieses Wesen – wo hatte er sie schon gesehen? Sie war ihm so vertraut, und er war unsicher, ob er wache oder träume.

Das Mädchen hatte meditiert und in ihrem Inneren

plötzlich herrliche Musik vernommen. Als sie die Augen öffnete, sah sie den Jüngling vor sich stehen. Sie schaute ihm in die Augen und hätte am liebsten nie mehr etwas anderes angesehen. Sie wußten nicht, wieviel Zeit verging. Noch hatten sie kein einziges Wort miteinander gesprochen, und doch war es für beide wie eine Erinnerung an Ewiges.

Dann kamen Diener und führten beide in den Palast, wo es ein großes Festessen gab zum Anlaß ihrer Hochzeit. Der Maharadscha und der König waren übereingekommen, ihre Kinder miteinander zu verheiraten. Für die Jungvermählten begann nach so langem Warten eine wunderbare Zeit der Gemeinsamkeit. Sie ergingen sich in den großen Gärten, und was der eine nicht sah, zeigte ihm der andere. War der eine glücklich, so strahlte er so viel Freude aus, daß der andere noch glücklicher wurde. Sie sangen zusammen, und am glücklichsten fühlten sie sich, wenn sie beide allein sein konnten.

Sie liebten es sehr, bei Vollmond miteinander im Garten zu weilen und den Mond anzuschauen. Manchmal summten sie leise eine Melodie dazu. Sie ergänzten einander, wie es schöner nicht ging. Jeden Tag beteten sie gemeinsam im Tempel und waren so glücklich, daß sie Gott Krishna immer wieder dankten.

Da geschah es, daß in der heißen Dürrezeit das Wasser immer knapper wurde. Es waren schreckliche Monate. Die Sonne brannte von morgens bis abends auf die Erde, und viele Tiere und Menschen mußten verdursten. Auch im Palast wurde das Wasser immer knapper. Es gab nur noch einen alten Brunnen, in dem grünes, fauliges Wasser tröpfelte. Eines Tages nun, als der Prinz vor Durst fast umkam, trank er einen großen Becher von diesem Wasser.

Am Abend überfiel ihn schrecklicher Schüttelfrost, und er bekam hohes Fieber. Die Prinzessin saß Tag und Nacht an seinem Lager. Wenn er im Schlaf stöhnte, so war ihr, als würden ihr Messer ins Herz gestoßen. Jeden Schmerzenslaut ihres Geliebten erlebte sie als eigenen Schmerz. Nach drei Tagen wurde der Prinz immer matter, er schloß die Augen, und seine Seele verließ den Körper.

Die Prinzessin, von ihrem Schmerz überwältigt, war unfähig, sich von dem Lager wegzurühren. Sie saß in der kleinen Halle des Palastes mit seinen weißen Marmorsäulen und schaute auf die Füße des Geliebten, und ihre Seele sehnte sich danach, mit seiner Seele vereint zu werden.

Am nächsten Tag wurde unten am Fluß ein großer Scheiterhaufen errichtet. Unter dem Wehgeschrei der Klagefrauen und dem Rezitieren der Gebete wurde der Körper des jungen Prinzen auf den Holzstoß gelegt und dieser in Brand gesetzt. Als das Feuer hochloderte, schritt die Prinzessin in die Flammen und legte sich mit einem Aufweinen auf den Körper ihres Geliebten, um in den Flammen mit ihm eins zu werden.

Als die Seele des Mädchens dem Körper entstieg, schwebte sie unendlich zart und leicht empor, direkt in die Arme des Prinzen, der sie schon erwartet hatte. Jetzt waren sie frei von ihren Erdenkörpern und glücklich, beieinander sein zu dürfen.

Doch das Versprechen, das sie Gott gegeben hatten, war noch lange nicht eingelöst. Zwar hatten sie sich wiedergefunden und gemeinsam Gott in der Gestalt Krishnas verehrt und angebetet, doch es sollten noch viele Erdenleben, viele Bemühungen und Erfahrungen folgen.

Dank

Als ich Pir Vilayat Inayat Khan 1972 das erste Mal begegnete, empfing er mich mit den Worten: «Sie hat Murshid geschickt.» In all den Jahren, in denen Pir Vilayat mein Lehrer war, ist er mir stets eine Quelle der Inspiration und ein lebendiges Beispiel für die Lebensweise der Sufis gewesen.

Besonders gerne erinnere ich mich an die Retreats, die er jeden Sommer in den Alpen – ganz früher in Chamonix – durchgeführt hat. Jeden Donnerstag abend, am Sufi-Tag, hat Pir Vilayat uns in inspirierenden Geschichten das Leben der alten Sufis nahegebracht. Einige seiner Geschichten habe ich mitgeschrieben und in diesem Buch nacherzählt, andere habe ich selbst geschrieben.

Ich möchte meinem Lehrer und geistigen Freund Pir Vilayat Khan, der mit Liebe und Weisheit meinen Weg begleitet, aus tiefstem Herzen danken. Dank sagen möchte ich auch seinem Vater, Pir-o-Murshid Hazrat Inayat Khan, der zu meinem geistigen Führer geworden ist.

Ebenso möchte ich Seiner Heiligkeit, dem Dalai Lama, für seine geistige Inspiration danken. Und ich bedanke mich bei allen Menschen, die mir im Leben Schwierigkeiten bereitet haben, denn durch sie durfte ich viel lernen.

Danken möchte ich meinem Mann Gabriel, der mich mit Liebe, Verständnis und Geduld auf dem Wege begleitet und mir oft eine Quelle von Kraft und Freude ist. Und ich danke Frau Urte Knefeli-Zemp für die liebevolle Bearbeitung und Betreuung, die sie allen meinen Büchern hat zukommen lassen.